你知道吗?

孩子的成长是有规律的。

希望这本书能帮你

真正了解自己的孩子。

全球阶梯教养圣经

Your Ten-to-Twelve-Year-Old

你的10~12岁孩子

［美］路易丝·埃姆斯
［美］弗兰西斯·伊尔克　著
［美］西德尼·贝克

玉冰｜译

北京联合出版公司
Beijing United Publishing Co.,Ltd.

目　录
contents

我们对青少年的研究

这本书的基本主题是成长，包括身体的成长、心智的成长和个性的成长。这本书本身也是一个沿着当初的研究之路而成长起来的作品。六十多年来，本书的作者们针对儿童的常规成长进行了系统性的长期跟踪与观察。在此期间，我们一直观察着孩子行为模式的成长进程，甚至包括在出生以前就显现出来的模式，以及贯穿整个婴儿期、童年期和青春期的纷繁变化。本章主要介绍青少年的成长过程。

- ⊙ 智力
- ⊙ 成长风格
- ⊙ 与社会的相容性
- ⊙ 与时代的相容性

10 岁孩子的成长与发育状况

> 10 岁孩子已经摆脱了 9 岁时的纠结和小心翼翼的特点。这时的他们怀着宽广的胸怀接纳周遭，对人友善，爱好广泛，热爱生活。10 岁的孩子依赖母亲，敬仰父母和老师。由于生理上的变化，男孩和女孩所关注的事物开始分离，性别意识逐渐增强。总体来说，10 岁的他处于让大人省心的年龄，他虽然不能把每件事情做到圆满，但基本能让他人感到满意。处在和顺期的 10 岁孩子会让大人们感到愉悦而省心。

- ⓒ 健康
- ⓒ 紧张情绪的宣泄
- ⓒ 视力
- ⓒ 女孩生理发育及性意识

11 岁孩子的成长与发育状况

> 　　他 11 岁了，怎么比 10 岁的时候还让人费心呢？他开始变得执拗、不听话了，还总是喜欢跟人对着干。这让父母们很是烦恼。不过好在他们的身体状况越来越好，就是动起来就闲不下来，精力太过充沛了。他们还不善于做家务，因而总为此和妈妈闹不愉快。11 岁的他对学校生活充满热情，对老师也有了自己的"要求"。总体来讲，11 岁的少年开始逐步摆脱儿童的影子，进入成人的世界。

- ⊙ 阅读
- ⊙ 需要久坐的视听活动
- ⊙ 吸烟、喝酒、吸毒

12 岁孩子的成长与发育状况

Chapter 4

> 　　12 岁的少年又重新进入了和顺期。让大人担心、忧虑和气恼的特征也消失不见了。12 岁的他能够容忍别人身上的瑕疵，不再对他人做硬性的要求，对老师的态度也不会像 11 岁时那样吹毛求疵。这阶段他们虽然活泼开朗，但性格却也沉静了不少，之前的他们精力旺盛得不知道怎么发泄，现在的他们更喜欢把精力专注于某一件事情上。12 岁的孩子在人际关系上有了很大的改观，他变得主动起来。总体来说，12 岁是一个让大人们很省心的年龄。

- ⊙ 健康

附录

给父母一份关于孩子的成长地图

我们已经出了不少书，讲述孩子在不同年龄段不断变化的行为特征。这一本也一样，讲的是 10—12 岁孩子的行为特征。

我们对青春期少年的研究资料最早发表于 1956 年。近年来，我们又采访了上千名当代年青人，以及他们中一部分人的父母，并从中收集了更多的资料。这些采访为我们提供了一个基础，使我们得以对比 20 世纪 50 年代初期与 70 年代末 80 年代初的青少年的行为。

我们得到一个很明确的印象，那就是从根本上来说，人类行为在这数十年间并没有多大改变！女人怀孕仍然绝大多数需要 9 个月的时间，性成熟的年龄和二三十年前比也没有多少明显的变化。这些年来深入研究学龄前儿童行为变化的结果，也让人感到惊人的相似。

青春期少年行为的方方面面，都几乎和我们在 50 年代初所观察到的结果完全相同。少年们的主要任务仍然锁定在三个方面：1. 挣脱父母的束缚；2. 建立对自己个性的认知；3. 对异性越来越感兴趣。

不过，尽管人的基本成长变化规律呈现显著的一致性，但是人们仍然普遍认为，人类行为和人与环境之间的相互影响关系密切。同样一个人，在不同的环境下，其行为很可能大不一样。而且我们必须承认，80 年代少年的世界与 50 年代的相比，在许多方面都大不相同了。

拉尔夫·鲁腾伯博士指出，60 年代和 70 年代的神话之一，就是当代的年青人已经不再和他们的父兄同种同宗了。然而实际上，他们和他们的父兄没有什么不同，只是活在一个不同的世界里，一个令他们的父兄不太明白他们的信仰的世界。我们有多笃信我们自己的价值观念，他们就有多笃信他们自己的。

成年人的世界中许多领域里不断变化的价值观，可能并不会从本质上导致青春期少男少女的行为与过去相比有多大变化。也许，我们的价值观的改变对他们造成的最大影响，在于诸如性生活、酗酒、吸毒等这样一些更为敏感的领域。尽管有了妇女解放以及其他妇女权益方面的成就，年轻人对待婚姻和养育子女的心态，看来并没有太多本质上的改变。即使越来越多的女孩子打算进入过去一直由男性占领的诸如法律及医学之类的领域，对结婚生子的向往仍然是女孩子的主流。

我们的一位来自纽黑文的母亲，一位作家，给我们写了这样一封很有帮助的言：

> 你们的早期著作《年青人》，可以说是一本令人赞叹的杰作。不过其中有些章节所讨论的问题，因为受到文化变迁的巨大冲击，现在已经显得有些时过境迁了。我很难评估这个文化变迁对于当代青年生活的影响到底有多深远。

> 也许当前的实际情况是这样的：现在的年青人所受到的关于性、婚姻、男人和女人角色的思潮与观念的影响，已与以往大大不同。一部分青年（也许是少数）因此而出现的反应，也许是20年前所不可能有的。如果有，也应该是在较大龄的青年中。另一部分青年（或许是多数）虽然没有这些现象，但是我想，他们一定在自己的头脑之中与这些新观念进行着思想斗争。

> 我们也可以换一种说法。当代的年青人正通过一些新的途径，去试探可承受的容许度、大胆妄为

的限度以及成年人所能耐受的限度。从我们这一代人以及比我更年长的人的角度来看，这些新的尝试很危险，至少很棘手。

举例而言，我 13 岁的女儿就属于正在进行思想斗争的这一类人。到目前为止，除了偶尔的鲁莽之外，她尚未去试探这些领域。她的行为和你们描述的成长特性非常接近。面对那些我认为 50 年代的城市中根本不存在的新观念，她现在不得不去琢磨并弄懂它们，理清自己在其中的关系。她的同学有些使用兴奋剂，有些逃学，不少人更是又粗鲁又邋遢。我猜这些孩子大概还没有过性生活，不过以我对我朋友们的孩子的了解，这也就是一两年之内的事情；而如果是在 50 年代，哪怕有类似情况，至少也是三四年以后的事情了。

还有，一聊天就"谁谁是同性恋"，一说到同学就是"那个断袖癖"。我觉得对这种话题的热衷反映出了他们对此的焦虑，而给别人扣帽子是一种保护自己的方法吧！

我知道青少年向来抗拒权威。他们今天的做法和 20 年前相比，只有程度上的不同，没有性质上的不同。不过，程度上的不同仍然可能是很惊人的。

成人往往在孩子们无可商量的软磨硬泡中溃不成军，只有最顽强的人才能够挺得住。

尽管确实存在这样的情况，尽管我们有些采访对象（或者他们的朋友）承认他们吸毒或者性交，不过据我们所知，这仍然只是部分青少年的轻度过失，远远算不上是实际犯罪行为。我们的家长都不认为他们有凌辱孩子的行为，也没有谁表示我们的采访对象有虐待父母的行为。 而以我们对学校的观察，我们的采访对象也没有对任何老师或者同学造成身体的伤害。

在充满动荡的当今世界，有些读者可能会觉得，我们的采访对象以及他们的家庭，不论在学校、家庭还是大街上，其实都算是相当循规蹈矩的。我们写这本书的主要目的之一，是讲述孩子的成长。即使他们成长于稳固而安全的家庭背景之中，他们的成长也是错综复杂、困难重重的。

其实，许多家庭会受到各种不利因素的影响，比如贫困、失业、离婚、单亲、家中以及街上的犯罪和动荡等，还有孩子的极端叛逆。不过，我们更着重于讲述家家户户或多或少都会有的那种普遍的、亲子之间常见的紧张关系。

对于那些家里有很麻烦的少男少女的读者来说，比方说，孩子陷于吸毒、酗酒、性交、打架斗殴、离家出走、违反法律等行为之中，这样的父母一定会觉得我们讲述的少年行为特征不着边际。这种貌似不着边际的感觉主要出自两个原因。第一，尽管为了使研究对象更具代表性，我们增加了由 1000 多名少男少女组成的当代组，可是毕竟我们最初的采访对象都生活在一个整个社会都比今天给予孩子更多保护和支持的年代。第二，这些孩子大多来自相对稳定的家庭。

我们相信，这本书中所描述的孩子随着年龄成长而出现的行为变化，仍然符合当代年轻人的主流。当然，在某些问题很严重的情况下，我们这种对正常十多岁孩子行为的认知，也许对父母没有多大帮助。

针对那些家里有行为出轨得相当离谱的孩子的读者，我们推荐 3 本非常有帮助的好书。

第一本书，也是针对程度最严重的状况的书，叫作 *Toughlove*（中文译为《诤爱》），是美国"诤爱运动"创始人推荐给不羁少年家长的一套有效方案，作者是菲利丝·约克、大卫·约克和特德·瓦赫特尔。

这个"诤爱运动"有点类似"匿名酗酒者协会"，不同的是，联合起来组成互助小组的人们，是那些遇到困难的孩子的父母。这些互助小组认为，孩子出现的那些不可接受的行为，不应归咎于父母，而是受了当今文化的影响。该书的作者们提出了不少建议，帮助父母通过让孩子为自己的负面行为承担后果以及责任，来改变这种破坏性的文化模式。这套"诤爱"方案的核心，是让一个社区的家长组织起来并相互支持，学习如何引导孩子以正面的转变来摆脱危机的一种方式。

第二本书，适合遇到的问题不太严重的家长，叫作 *How to Deal with Your Acting-Up Teenager*（中文译为《如何对待你的刺儿头少年》），作者是罗伯特·贝亚德和吉恩·贝亚德。这两位作者建议家长们与其让行为不端的少年规规矩矩，倒不如问问自己，"我们能做些什么来帮助孩子，让他们在这样的情况下更有能力做出自己的决定、对自己的行为更负责任？"

他们教给家长一个方法：列一个清单，把孩子做过的所有让家长头疼的事情都写出来。然后逐一把这份清单中不会影响到你的未来生活的条目挑出来，再列一份清单。然后，把这些并不真正属于你而是属于你孩子的责任全都放下，交给孩子自己去负责。如此，孩子逐渐会如父母所愿，做出正确的决定来。

第三本书，也是一本很实用的书，叫作 *How to Survive with Your Teenager*（中文译为《如何帮助你的孩子渡过少年危机》），作者是乔尔·韦尔斯。这本书涉及的主题包括少年自杀、离家出走、吸毒与酗酒以及触犯法律等等。

我们坚持认为，尽管各个家庭的状况不同，但是《你的10—12岁孩子》这本书中将要讲述的孩子随着年龄的成长而不断改变的行为，符合他们的真实情况。我们希望，不论各个家庭的状况如何不同，我们对孩子的这种基于生理变化而出现的行为变化的理解，能够帮助读者与孩子建立起更美好的亲子关系。

即使是最健康、最稳定的青少年，也仍然需要实现与父母的分离而独立自主。一旦父母得到了足够多的青少年成长的常识而能够包容他们"正常的"叛逆行为，那么许多最具破坏性的叛逆行为就能够得到预先的防范和制止。而为父母提供这样的成长常识，正是本书的目的。

众里寻他千百度

　　每一个做了父母的人，都希望自己能够做一个对孩子的成长负责任的好爸爸或好妈妈，我也不例外。当儿子的生命还蠕动于我的体内时，我在感受着幸福的同时也下了坚定的决心——一定要做一个好妈妈！

　　孩子出生了，他躺在我的怀里，吸吮着从我体内流淌的乳汁，明亮清澈的大眼睛和我对视着，充满了对我的信任和爱，而此时，我却感到了一阵恐慌——我该如何去爱上天赐予我的这个宝贝？我懂得要给他吃母乳、要保护他的安全、要尽我所能地给予他最好的教育……但是，我不懂得在他的每一个成长阶段，会出现怎样的心理发展过程，这些心理发展会让他表现出怎样的行为，我又该如何去帮助他完成这些发展。比如，他现在才三个月大，他的精神需要是什么？我是否应该让他吃手指？在他六个月大的时候，他会出现怎样的行为？在他四岁的时候，如果他与小朋友打架，我该怎么来处理……我感觉做一个好妈妈有些力不从心！

随着孩子一天天长大，他真的开始吃手指头了；他到幼儿园的第一周就和小朋友打架了，脸上还被抓出了血痕；他开始追着我和先生的屁股不停地问问题，这个世界有太多他不明白的东西；他拿起剪刀把自己的头发剪成了朋克状；他在幼儿园为了不把大便解在裤子里而憋上一天，我们不明白他为何不去洗手间；他开始喜欢说"屁股""臭大便"，反复地说，我们越阻止他说得越开心；他开始邀请幼儿园的小朋友到家里来做客，而且没有经过我们的同意就带小朋友回家了；他开始对文字感兴趣，家里的任何一本书以及大街小巷的每一个门牌和挂着的标语，他都要求我们认真地读给他听。

因为不懂得孩子，所以我们犯下了很多错误。比如，当他的脸被小朋友抓出小小的血痕时，我告诉他："如果谁再靠近你，你就还击他！"谁知，当天老师给我们的反馈是："你的孩子怎么了？小朋友才靠近他，他就伸出手抓人家的脸，他以前不这样啊！"我立即意识到自己的教育方式是有问题的，但问题出在哪里，我却并不知道。

当我发现自己存在问题后，开始学习教育孩子的方法，并到书店里去买书看。然而，17 年前的书店里，教育孩子的书种类非常稀少，只有一些唐诗和宋词外加名人教子语录。这些书籍无法帮助我理解孩子的成长规律，也无法让我学习到正确的应对方式，于是，我只好在黑暗中摸索着孩子的成长规律。

一直到孩子 15 岁的时候，我才接触到了教育孩子的重点，才开始明白原来教育的本质是帮助孩子完成每个年龄阶段的生命发展任务，可是，我的孩子都已经 15 岁了啊！他成长过程中最重要的时期已经被我错过了。那种因为错过而心痛的感觉，让我在许多个夜晚不能成眠，我们和孩子都无法重新来过，我们再也回不到从前了！现在，孩子已经 20 岁，即将离开我们远赴英国上大学。好在从我明白错过的那一刻起，我没有再错过孩子的成长，这五年是我弥补自己缺失的五年，感谢上天给了我这五年的机会！

有了陪伴孩子成长的经历，有了对教育的研究和感悟，我觉得自己有责任为年轻的父母们做点什么，让他们不再重复我的错过。这些年来，我不断地接触、体验和思考新兴的教育理念和方法，寻找能够给父母们带来更多帮助的好书，但是一直没有这样的书入我的眼，直到玉冰把这个宝贝带到我的面前。这套书让我眼前一亮——这不正是我多年来苦苦寻找而不得的宝贝吗？！

　　这是一套研究 1—14 岁孩子发展规律的书，一群严谨的学者用了 40 年的时间来研究每一个年龄阶段孩子的发展规律，并为父母提出了具体的建议和应对方法。虽然我国也有很多教育研究机构，但是，我们缺乏对各个年龄阶段孩子科学严谨并能够持续 40 年之久的研究。这套书能够弥补我们的缺陷，可以说给我们的研究、给父母养育孩子都提供了非常大的帮助。

　　虽然东西方存在着文化上的差异，但是，在人类这个物种成长和发展的规律上，存在的差异不会太大。比如，无论是西方还是东方，孩子们大都需要妈妈怀胎十月才出生，一出生就能够吸吮，出牙的年龄大致都在 4—6 个月，都会在 1 岁左右走路，都能够解读成人的表情，都会在同一个年龄阶段出现相应的敏感期……无论是东方还是西方的父母，都希望在了解孩子发展规律的基础上来帮助孩子成长，都希望孩子具备善良、责任感和自律等优秀人格品质，都需要具备帮助孩子建构健康人格的能力。因此，这套书同样能够帮助到中国的父母们。

　　假如在我的孩子刚出生时，我就能够看到这样一套书，我会更有信心做一个好妈妈，因为我会了解孩子在当下的生命发展过程中会出现怎样的行为，我该给予孩子怎样的帮助，才能让他顺利地完成这个阶段的发展任务；同时，我还会预见孩子在未来每一个年龄阶段生命发展的方向，并提前做好相应的心理和物质准备。虽然对我来说，这一切都只能够成为一个"假如"了，但对于这套书的拥有者来说，这是真实可行的！

胡萍

2012 年 4 月 26 日于深圳

编者注：胡萍，中国儿童性教育的先驱。2001 年开始研究儿童性健康教育和儿童性心理发展。2004 年开始在全国 50 多个城市开展健康教育父母课程，并多次与中央电视台、新浪网等合作录制儿童性健康教育节目，其代表作有《善解童贞》《成长与性》《儿童性教育教师用书》等。

在这里寻找答案

"教育是一门科学，不能仅凭经验。"这是我回国后一直倡导的教育价值观。

2002年，我从德国慕尼黑大学毕业后回到国内开始从事教育工作。在将近十年的工作中，我感到困扰最多的就是父母宁愿相信经验，也不求助于科学；父母宁愿把自己的孩子和周围的孩子相比，也不用科学的方式评价自己的孩子成长得是否合适。

印象最深的是，每次都有父母对孩子的正常现象感到非常焦虑。比如说"多动"。在他们眼中，如果一个四五岁的孩子无法专心做事30分钟就是多动症，就需要看病吃药，就会导致学业问题。比如父母们不明白为什么三四岁的孩子喜欢拿起东西就往地上扔，喜欢强调"我"。每次我都耐心地向他们解答每个年龄段不同的正常现象，持续多长时间是在正常范围之内，如此种种才能减轻他们的担心。

只有当父母知道什么是"正常"，才能真正理解孩子的行为，也才能给予正确的引导。

所以，我特别希望有一套介绍个体发展基本规律的书，可以帮助父母认识到孩子个体发展的规律，帮助他们判断孩子的"正常"行为和理解孩子行为背后的原因。

相比较个人发展和心理认知专业书籍的晦涩，《你的 N 岁孩子》系列更加生动，语言也更容易理解。在这套书中，读者会看到一群同年龄的孩子，他们的生活跃然纸上，在这里，你一定会找到自己家里的那个宝贝，也更能走进他们的内心。

兰海

编者注：兰海，上濒教育机构创始人，毕业于德国慕尼黑大学教育心理学专业。研究方向：创造力发展、青少年成长、教育规划、亲子关系。兰海先后在慕尼黑大学获得心理学、教育学和社会学三个学位，在九年的教育实践工作中，对国际、国内的教育状况有异常深入的了解和研究。目前，兰海是中央电视台少儿频道《成长在线》栏目特邀专家；《父母世界》杂志特邀专家。著有《嘿，我知道你》《孩子需要什么》。2009 年，中国教育报专题人物报道：《教育是科学，不能仅凭经验》；2011 年 4 月，CCTV10《人物》栏目专访：《带孩子寻找快乐的老师——兰海》。

名家推荐序（三）

在帮助孩子的同时懂得孩子

　　我要郑重地向所有家长推荐这本书，因为这是迄今为止我看到的对家长育儿最有帮助的书；我也要郑重地向所有老师推荐这本书，因为有了这本书，忙碌的老师们就再也不用为发展心理学中那些生涩的字词而头痛了。

　　家长和老师不想成为理论研究者，他们只想在帮助孩子的同时懂得孩子——他们只想知道一个两岁的孩子眼皮都不抬地乱扔东西是否正常；他们只想知道当孩子乱扔东西时，他们该怎样帮助孩子。

　　当有一本书说"孩子的感知运动时期的第八循环第一阶段，其生物功能如何被环境改变，这一改变来自怎样的图示过程"时，家长和老师们真的就被吓住了，他们会带着可怜的、自信心受到打击的神情对你说："我学不会，我看不懂，我做不到。"

假设你是那个作者，当一个老师或一个家长这样对你说时，你会绝望吗？你会觉得他们不适合做父母和老师吗？这时，请你看看这本书，看看它是用怎样的关怀向想要了解孩子的人讲述孩子，又是用怎样朴实贴切的招数在帮助它的读者。看完之后，你会知道，这本书是有鲜活灵魂的，当你面对它时，你会自然轻松地用心灵与它沟通。

我要说，朋友们，请打开这本书吧！不管你是妈妈还是爸爸，不管你是老师还是教育家，请打开这本书吧！

李跃儿

编者注：李跃儿，中国著名儿童教育专家，中国芭学园创始人，曾为《父母》杂志教育答疑专家、央视少儿频道签约专家。畅销书《谁拿走了孩子的幸福》系列的作者。2004年荣获第三届中国国际家庭教育论坛"华表奖"和"形象大使"称号。2006年荣获"2006年中国幼儿教育百优十杰"（第一名）称号。2009年荣获"2009中国民办幼儿教育十大杰出人物"称号。2012年荣获"教育木兰奖"。

译者序

因为懂得，所以从容

经过大半年辛苦的"爬格子"，我终于把这套《你的 N 岁孩子》一本一本地翻译了出来。而专门为青少年写的《你的 10—12 岁孩子》以及《你的 13—14 岁孩子》，也终于可以和广大读者见面了。实际上，后一本书可以算作《你的 13—16 岁孩子》的合订本，因为作者在最后专门用了一个章节对 15 岁、16 岁的孩子做了一个简短的讲述。

我国目前出版的有关亲子关系、儿童行为认知学的书，很少是专门针对青少年写的。可是，中国现在有那么多青少年，今天的儿童、少年，明天也都会成长为青少年。更何况，青少年是人尽皆知、令多少父母"谈虎色变"的"叛逆"！因此，不消说，我们有多少父母和老师渴望能够对青少年的心理和行为有一定的认识和了解，渴望能够懂得该以怎样的尺度、分寸和家里及课堂里的青少年时期的孩子相处。

《你的 10—12 岁孩子》以及《你的 13—14 岁孩子》，这两本书就是我想推荐给中国青少年的父母的至为珍贵的"迷途指南"。之所以说这两本书"至为珍贵"，不但因为它们是专门针对家里有 10—16 岁青少年的父母的"指南书"，也不但因为它们很有针对性地讲解了青少年在各个年龄段都会出现哪些心理和行为，尤其是在父母看来很"可恶"的行为，而且更是因为这两本书的成书背景。

这是由耶鲁大学著名教授格塞尔博士领导下的"格塞尔人类发展研究所"，集一群资深博士、专家的精力，将针对数百个家庭青少年多年的详细跟踪数据、针对上千名全美各地青少年的问卷统计数据，经过科学的分析、提炼、总结而凝聚出来的心血结晶。也就是说，这套书不是以某一位妈妈或者专家的个人经历或者经验为依据写出来的。它以任何一位妈妈或者儿童心理学家都不可能企及的充足的数据、翔实的研究、精密的分析、高度的概括凝结而成。本书不但很有深度，而且很有广度。

我们的这套《你的 N 岁孩子》系列育儿宝典，不但是当前美国父母的养育依据，而且还是当代美国学校老师了解和对待不同年级孩子的心理、行为的依据。每年一到开学，当孩子升到不同的年级时，我都能收到学校发给家长的一份文件，告诉我们孩子在今年会有哪些特点，父母应该特别注意哪些事项。我也通过在学校频繁做义工的机会，深刻体会到学校老师对待不同年级的孩子真是不一样，不但对孩子的约束要求不一样，而且对孩子的约束方式也不一样，十分合理而人性化。从这个角度来说，这套书不但适合父母朋友们学习和阅读，同样也适合老师们学习和阅读。

别看这套书是几十年前的"老古董"（《你的10—12岁孩子》以及《你的13—14岁孩子》这两本书的英文原著出版于1989年），它们到今天仍然被美国学校奉为宝典。因为这套书的主题是孩子发育与成长的客观规律，而客观规律是不会"过时"的。当然，有些外在环境的影响确实有了一些改变，比方说那时候还没有iPad，现在估计很多孩子都陷于这种现代电子产品中，而给家长带来了新的烦恼。不过，只要我们能够智慧而灵活地运用这套书中的基本观念，就可以自己动脑筋想出办法来，让我们和孩子走出困境。

需要说明的是，在我们阅读这套书的过程中，我们要注意到中国和美国在地域、文化上的差异。比如说，对美国青少年来说，当医生和当牙医是不同的理想；可是在中国，当"医生"自然包括当"牙医"。又比如说，这两本书中的很多女孩子非常喜欢马，非常喜欢当"兽医"，这其实哪怕在美国也是有局限性的，因为耶鲁大学地处美国东北部的"农业地区"，家家户户的女孩子都从小跟马以及狗一起长大，因此自然喜欢马，喜欢当马医生、狗医生，也就是兽医。别说换到中国，哪怕换到距离耶鲁大学不远的纽约这种大都市，孩子们的理想也一定是另一番景象。

再比如说，饮食文化的不同也很明显。中国家庭在日常烹调中很少用奶酪、奶油，因此本书中提及美国青少年讨厌"用奶酪、奶油做的菜"，在中国家庭则完全没有这回事。美国孩子常常讨厌"做熟的蔬菜"而喜欢"生吃"各种蔬菜，比如胡萝卜、芹菜等；可是，中国的妈妈和奶奶们做出来的"熟的蔬菜"，我猜想放到美国孩子面前，他们一定个个口水长流、"大快朵颐"：因为东西方对蔬菜的烹调方式非常不一样。

对于这类"奇怪"而有趣的不同之处，我们不妨淡淡地一笑了之，不必因此而认为这套书就不值得我们读。

这套书里有很多针对青少年心理与行为的分析，以及针对家长老师的劝慰和忠告，很值得我们仔细琢磨、认真思考。

尤其是这两本书中讲述的 10 岁到 16 岁的孩子，刚好处于青春叛逆期，父母如果对孩子不够了解、不够理解，家庭硝烟在所难免。这不但使得孩子的成长之途更加充满坎坷和挫折，也同样会令面对"叛逆""不懂事"的孩子的父母，更加精疲力竭、心力交瘁。可是，反过来，如果我们的父母和老师能够对青春期孩子的行为、心理了解得更多、明白得更多，我们就更知道该怎样帮助孩子成长、怎样与不同年龄段的孩子相处。其收获就是孩子的成长之途肯定会更加畅快，家长与老师的烦恼、痛苦、焦虑、无助等负面感受更将大大减少。这才是"皆大欢喜"的结果，这才是"双赢"的局面。

另外，这两本书用了大量的篇幅和数据详细介绍 10 岁到 16 岁的孩子"谈朋友"、吸烟、喝酒、使用毒品的情况。虽然以中国的现状来说，这些问题似乎还不是"青少年日常行为"的主题，但是，一方面美国学者这种严谨负责的科学精神值得我们敬佩，另一方面也为我们敲响了警钟：我们该怎样给成长中的青少年创造一个更加健康的社会、家庭环境，让我们的孩子能够远离"早恋"、烟酒乃至毒品的危害。此所谓"他山之石，可以攻玉"，我们正好可以借鉴别人的经验来未雨绸缪。

这些年来，随着孩子渐渐长大，我总会不断遇到新的问题、新的苦恼，也总是能够不断地从这套书中获取知识、汲取力量，调整我的心态，调整我看待孩子"坏"行为的视角，也调整我和孩子相处的进退尺度和协调方法。这套书已经多次成功地帮助我走出了亲子关系低迷的僵局，解决了我心中的困惑、焦虑、烦躁、失落。我的两个孩子，不但在家庭的小环境里，而且在幼儿园和学校的大环境里，沐浴在这套书的福泽之中，成长得健康、活泼、快乐、聪明。

正因如此，我对这套书情有独钟。两年前我下定决心，一定要想办法把这套宝贵的好书介绍到中国来，造福中国的孩子和父母。感谢紫图图书有限公司对我的信任，我终于如愿以偿，能够亲手把这套书翻译给祖国的家长和老师朋友们。

我替你的孩子感谢你，因为你愿意研读这套书，愿意接纳这套书将带给你的新知识、新观念、新视角。我在此真诚地祝福你，祝福你的孩子，祝福你全家。你们一定会从此更加相亲相爱，更加幸福和美。

玉冰

美国洛杉矶

2012 年 8 月 16 日

编者注：玉冰，美籍华人，畅销书《正面管教》的译者。她十分重视儿童教育的发展，也十分重视亲子关系对孩子成长的巨大影响。此外，她还译有《与神对话——献给青少年》等作品。

我们对青少年的研究

　　这本书的基本主题是成长，包括身体的成长、心
智的成长和个性的成长。这本书本身也是一个沿着当
初的研究之路而成长起来的作品。六十多年来，本书
的作者们针对儿童的常规成长进行了系统性的长期跟
踪与观察。在此期间，我们一直观察着孩子行为模式
的成长进程，甚至包括在出生以前就显现出来的模式，
以及贯穿整个婴儿期、童年期和青春期的纷繁变化。
本章主要介绍青少年的成长过程。

1. 从宏观上把握孩子的成长脉络

这部著作把我们针对随着年龄增长而发生的行为变化的研究，带入了前青春期和青春期的年龄。我们一直格外关注在当代美国的文化氛围下，年龄对孩子的系统行为所造成的影响。

我们发现，尽管孩子行为的成长是渐进式的，不过哪怕到了青少年时期，孩子由于年复一年的成熟所带来的成长的特征和趋势，仍然和生命最初的 10 年十分相像。10 岁是孩子们成长螺旋进程中的一个转折点，11 岁左右他们开始出现青春期行为。青春期少年的成长从 10 岁到 20 多岁仍然呈现螺旋式的推进，随着年龄增长而发生的行为变化也跟童年时期一样明显：行为相对和顺的年龄段与相对不和顺的年龄段交替出现，表现较为外向的年龄段与较为内向的年龄段交替出现。

孩子成长的机制、模式和规律，在10—12岁期间是怎么体现出来的呢？对这一问题的回答，成为我们这次探索的目标。

❖ 采访背景与采访对象

我们一直和一大群孩子保持着联络，这群孩子的成长我们已经跟踪到了10岁。于是，这一幸运的组合环境使得我们能够继续我们的研究。这些孩子以及他们的兄弟姐妹和同龄朋友，构成了这次青少年研究的原有核心小组，即115个采访对象。在他们的整个青春期期间，我们反复约见访谈。在此基础上，每一岁的年龄组我们又增加了50个孩子。10个不同年龄组一共有545个孩子接受了我们的访谈。

这些孩子的家庭，除了极少数之外，全部来自康涅狄格州的纽黑文及其郊区。有些家庭在搬家之后，仍然按照我们的要求，定期回来花半天时间和我们见面。在研究期间，针对我们的研究方法与目的，所有家庭都积极参与并配合。另外，1977—1978年我们又增设了一组由1000多名研究对象组成的补充小组，这些年青人每个人都回答了一份我们的问卷，问卷中的问题涵盖了包括性在内的社交行为（参见附录一）。这一组研究对象来自全美国自东海岸到西海岸的不同社区。

在智力方面，根据韦克斯勒－贝尔维尤测试成绩的结果，我们的原有核心小组成员的智商均略高于平均水平。10、11、14岁的智商成绩达到117，而12、13、15、16岁的智商成绩达到118。他们所属家庭的社会经济地位也都处于良好的状况。我们的研究方法本身就使得我们趋向于选择社会地位相对稳定的家庭，因为我们需要年复一年地反复约见。大部分家长的职业属于专业性、半专业性、管理性、技能性的领域。孩子的学习成绩，在比较富裕的学区的学校里，属于良好到优秀的水平。而1977—1978年补充小组的成员则有所不同，其家庭的社会经济地位从福利救济家庭到富裕家庭都有。

因此，我们所研究的对象都是正常的孩子。在了解孩子的个性和生长特性方面，我们也得到了家长的热忱协助。我们对原有研究对象的每一次采访，都包括对孩子的一次详尽的行为及性格测试、一次和父母的详谈、一次和孩子的详谈。（详情请见附录）家长都热衷于观察孩子的成长状况测试（通过单面镜），随后的父母详谈他们也都热情地配合。与孩子的详谈，由一名研究人员和一名孩子私下单独进行。每一次完整的访谈过程都需要整整半天。

　　读者毫无疑问会注意到，在大多数情况下，我们这本书里的每个男孩或女孩几乎全都和爸爸妈妈生活在一起。针对我们的原有核心小组成员，我们的研究最细致，我们对孩子了解最透彻，他们实际上也就是属于这样的稳定家庭。至于我们对第二研究组（1977—1978 年新增小组）成员的了解，则仅仅来自于他们对问卷的应答。我们没有约见他们的父母，而且大多数情况下，我们也不了解这些孩子是否生活在一个完整的双亲家庭中，抑或是一个再婚家庭或单亲家庭中。

　　由此可以看出，我们并不打算通过这本书来针对一些出现于再婚家庭、单亲家庭的特殊问题提供特别资料。针对这类特别情况，我们在前面的作者序中提到的几本书可供参考。我们这本书的主要目的在于研究青少年本身，以及他们在一年又一年的成长过程中所发生的变化，而并非他们成长于某种特别的家庭中的情况。

❖ 采访详谈

和研究对象的采访详谈，以及和他们父母的详谈，是我们研究项目的一个有机组成部分。这种访谈均是一对一单独进行。开场的几个提问都保持在最低限度，随后即进入非正式的、随意而轻松的交谈。谈话中的问题并没有严格标准，但是这些问题包括本书涉及的 8 个基本成长范畴：（1）人体机能体系；（2）自我照料和日常作息；（3）情绪；（4）自我意识；（5）人际关系；（6）活动与兴趣爱好；（7）学校生活；（8）道德意识。

采访研究对象

一见面，我们就让采访对象放心，谈话中的问题不是考试题。我们并不在意他的答案是正确还是错误，而只是对他的想法和感受感兴趣。如果一个问题他不想回答，那就不必回答，他也可以加入任何他想要聊的话题。我们拟定的问题都简单而直接。比如说，当我们在谈论情绪的时候，我们会问这样的问题："生气的时候，你怎么办？""你哭过吗？为什么要哭？""怎么看待竞争？"诸如此类。智力方面的探讨也是这样直截了当。孩子们也会把他对时间、空间、战争、道德等问题的看法告诉我们。等孩子年龄稍长，谈话过程中有可能宾主倒置，他反而会问研究员有些什么看法。总的来说，整个面谈过程孩子都会表现得兴趣盎然。看到他们的想法居然如此重要、都被记录了下来，孩子往往显得有些得意。

有些人也许会质疑，这些青少年很清楚我们的兴趣所在，这会不会反而扭曲了孩子的应答？他们是否对我们说了实话？对此，我们相信，我们的采访对象在详谈中的应答是他们体验到的真实感受，每个回应都符合他们内心深处作为一个人的自我形象。

采访家长

这一项采访是每次年度会晤的重要内容。我们采用一种双向问答的形式，以促使家长们更愿意主动提问、主动说出自己的看法。在父母亲眼看过孩子的行为经过标准化成长测试之后，界定孩子的个性以及成长状况，这是对家长和研究人员双方都有裨益的事情。

我们鼓励父母提出他们自己的观察、生动的轶事、担忧的问题，以及过去一年中任何他们觉得值得一提的事情。我们觉得，通过这种非正式的交谈，双方既能看到家庭问题中的幽默性，也能看到问题的严肃性。

❖ 从数据中发现孩子的成长规律

通过讲解我们对青少年研究的这些基本思路，读者可以清楚地看到，我们为收集数据铺撒了一张大网。针对我们原有研究对象的那些记录，篇幅相当巨大。而针对从一出生我们就开始跟踪其成长发育的那些孩子，每一个孩子的记录文献简直就是个人传记的一部分。至于 20 世纪 70 年代末应答我们问卷的那 1000 多名少男少女，我们能够分析的数据仅限于他们的问卷。

我们的任务就是从这些庞大的杂乱数据中梳理出有意义的规律来。我们的研究方式包括测定一系列的成长梯度及其成熟状况。

我们从两个整合角度来整理我们的研究结果：

1. 成熟状况：分年龄段描述 10—12 岁青少年的成长特点。

2. 成熟特征：各个年龄段在几个主要方面的行为模式及特征。

其主导核心就是成长，按照一定模式循序渐进地成长。面对一个尚未成熟的少年，一旦我们站在成长的角度上来看待他，我们就能够对他的不够成熟以及相对成熟，有更为透彻的了解。

不过，成长是微妙而不易捉摸的，成长需要时间，如果不随着时间的推移而透视全景的话，我们很难留意到孩子的成长。

备注：上面提到的成熟状况和成熟特征，不应该生搬硬套地理解为各阶段的年龄规范或标准模式。它只是指出了某些特定的行为，可取的也好不可取的也好，在当代社会文化背景之下，可能更趋向于出现在某些特定的年龄阶段。每个孩子都有他自己独特的成长模式，这些成熟状况和成熟特征的描述，只是针对他们各项机能的不同成熟阶段的一种参考。"年龄"在这里，也只是一个参考范围，并非指精准的时段。

2. 成长是核心

　　长久以来，我们一直相信，人类行为上的成长和生理上的成长一样是有规律可循的。实际上从广义来看，人类行为是生命结构的一种机能。我们平常的一举一动是由我们的身体结构所造成的。诚然，不论年龄多大，每个人的身体构造都会有很多稳定不变的特性；但是一个成长中的孩子，他的实际年龄却在很大程度上决定了他可能会有哪些行为表现。

　　这就是儿童成长的首要规律。不过，一方面我们可以预计孩子的行为将出现某种变化；另一方面我们还必须牢记第二规律，行为上的成熟有可能出现停滞，而且不见得只会沿着一个方向发展。

　　更确切地说，随着一个孩子逐渐长大，相对和顺的年龄段与相对不和顺的年龄段会交替出现，行为表现趋于外向的年龄段与趋于内向的年龄段也会交替出现。这种渐进方向上的交替转换，越年幼的孩子越明显。不过即使到了我们这里讨论的 10—12 岁的年龄段，这种现象仍然十分明显。

这里我们用非常简洁的语言告诉读者，针对这几年孩子不断成长、各种状况纷至沓来的状况，该怎么应对。

我们发现，10 岁是和顺的年龄段，不但孩子本身是一个调和而顺畅的人，他与周围其他人的相处也调和而顺畅。

11 岁则几乎完全相反，是不调和不顺畅的反叛时期。10 岁的怡然自得没有了，11 岁的孩子变得有些颓废，跟老朋友也不大往来了，而且会像个小孩子一样去探测"权威们"允许或者不允许的底线。

而典型的 12 岁孩子，他的人际关系会缓和很多，心态更为正面，对生活更充满了热情。与浑身像刺猬一样的 11 岁孩子相反，哪怕成人做得不够好甚至是错了，12 岁的孩子也能表现出相当的宽容。而且，12 岁孩子明显显露出对新鲜事物的热情。

青少年的行为会随着年龄的增长而出现种种非常明显的变化，这一观念让有些人觉得不太能接受。就连我们自己，要接受我们耳闻目睹的事实，相信真的是这么回事儿，也并

表一

行为模式变换周期						
和顺	反叛	和顺	内向	外向	内向	和顺
2岁	2岁半	3岁	3岁半	4岁	4岁半	5岁
5岁	5岁半到6岁	6岁半	7岁	8岁	9岁	10岁
10岁	11岁	12岁	13岁	14岁	15岁	16岁

（"年龄段"为左侧行标题）

非那么容易。这似乎太不可思议了。

不过当我们想到，我们现在看到的现象以前也曾看到过，事情就变得容易接受多了。这种第一年变得内向，第二年又变得外向的交替行为变化，我们以前就在孩子的成长过程中观察到了两次：从5岁到10岁的这段时间里我们看到过，在5岁之前也看到过。（新生婴儿也表现出这种交替变化，只不过我们不容易看出来而已。）

这种行为变化上耐人寻味的、非常模式化的序列性重复，在孩子从2岁到16岁的这段时间内，一共出现了三次。（见表一）

我们的描述也许让人觉得行为变化是一成不变的、可以预料的，实际上并不尽然。我们所描述的是成长阶段的序列，而且我们相信这种成长序列是所有成长中的人类所共通的。在后面各章节中，我们将会对此详细讲解。但是要知道，并非所有男孩女孩都会丝毫不差地沿着这条常规轨迹成长。另外，我们讲述的是年度性的成长变化，不过，并非每一个 10 岁孩子的行为在整个一年当中都和我们讲解的 10 岁特征一模一样。而且，一个 10 岁孩子也不会在 10 岁生日的那一天，由一个内向而复杂的 9 岁少年一下子变成一个安静而和顺的 10 岁少年。

事实上，一个孩子也许在整个 10 岁之中，从来都没有达到过我们描述的常规 10 岁孩子所应有的最为和顺的程度。有些孩子可能天生就更偏向于"不和顺"一些；可也有些孩子似乎从来不会太不和顺。还有，行为变化的时间性，也和行为变化的量一样，每个孩子都各有不同。有些孩子好像总跑在生命的前面，行为上的变化比常规要稍微早一些；可也有些孩子又好像总是成熟得慢一点点，行为上总是要显得"小"一些，所有这些都很正常。

但是，成长中的男孩女孩，总体上或多或少都会沿着我们描述的这条轨迹成长。我们希望，对成长规律有了一般性的了解，对孩子的行为变化有了一定的预料，将有助于父母以及老师与我们的青少年——这难以捉摸而又让人着迷的生命体更好地相处。

要想透彻了解一个孩子，男孩也好女孩也好，我们需要了解至少三个方面的情况：这孩子的基本个性特征；这孩子在这个年龄段上应该会是怎样；这孩子如何看待他的周围环境。这三个方面始终相互影响。要想了解透彻，我们就要从这三个方面入手。

本书会简略地谈论一下个体特征的不同之处，不过其主题毕竟在于谈论随着年龄变化而出现的典型行为变化，而且是在美国的文化背景之下。我们不在此探讨其他文化背景下的孩子。不过，我们仍然希望通过总体上了解不同年龄的孩子会有哪些特定行为，帮助你在养育孩子的过程中做得更好。

3. 个性特征是孩子成长过程中的 独特演绎

　　每个人都是独立的个体。我们的身体要求与众不同的自然倾向，形成了令少年每每深感孤寂的根源，因为这使得他发现自己是那么异于他人。而生活中的大小事宜，却又往往与他人有某种相类似的秩序与节奏，这就对人与人之间的隔离起到了令人慰藉的平衡作用。成长中的少男少女各自沿着自己的成长道路一级一级走向成熟，没有谁会对我们这本书中的描述亦步亦趋。有些会走在我们所描述的模式前头，有些则落在后面；有些表现得偏于内向，有些更偏于外向；有些在两个极端之间剧烈摇摆，有些则似乎只是在杠杆中心附近轻轻晃动。

哪怕在同一个家庭里面，你也能看到不同的个体。哈佛大学的 T. 贝里·布雷泽尔顿博士曾做过一个非常深入的观察，他指出，不但每个个体之间存在着不同，母子模式也存在着不同。同样都是自己的孩子，妈妈往往与这个孩子非常和谐，与那个孩子却很不融洽。在一个孩子艰难地走过他的青春岁月期间，除了这种母子关系之外，还有很多其他因素会给孩子的行为成长带来影响。

事实上，母子关系这一领域，是我们最能看出个体不同的领域之一。有些年青人哪怕都长到 16 岁了，也一直是一个在家中不可或缺的、充满爱心的、懂得尊重他人的家庭成员。可也有不少孩子刚进入青春期就为挣脱亲人而急切地跨越出一大步，从而使得很多家庭的生活充满了荆棘。

我们无法精准地预料一切。我们只能提供一个大致轮廓，告诉你大多数孩子走过 10—12 岁这决定命运的数年间，可能出现哪些成长阶段。这只是一个基本的平面图，我们做不到分毫不差地告诉你，在这几年间你的儿女将会有怎样的生活。

我们将用下列 6 个小标题来简略讲解一下个体的多样性：

（1）性别差异；

（2）体形与气质；

（3）智力；

（4）成长风格；

（5）与社会的相容性；

（6）与时代的相容性。

❖ 性别差异

把整个人类分为两大类别的最为深远而根本的因素，就是性别。不错，人类的许多行为差异往往和男女性别有很大关系，这至少也是文化产物的延伸。而所谓的文化包括传统和人类的期待，以及来自父母、同伴乃至社会的微妙压力。

但是，性别差异的萌发及持续都表明，许多差异特性是本能的，无论社会文化如何鼓励或者限制，都不见得能起到多大作用。如何表达性别特征须由社会礼节来规范，但这种特征差异本身却深埋在了人的肌体里面。

举一个例子，女孩的身体发育和行为发育往往比男孩早一些。在 20 世纪 40 年代的一次行为规范修订之时，我们曾经就两种性别做了 59 个方面的对比，其中有 7 项由男孩领先，50 项由女孩领先，另外 2 项男女持平。

后来我们出了一本书——《年青人》，专门讲解这些对比结果。根据我们的亲身体验，这些比较结果哪怕到了今天，也都是符合现实的。我们看到，女孩总的来说对人、对社会关系更感兴趣些；男孩则对客观事实、机械、科学、工程、运动更感兴趣。女孩更喜欢室内活动和娱乐；男孩更喜欢室外活动。这种差别在他们看杂志的时候尤其令人一目了然，男孩倾向于选择运动版、科技版，女孩则选择时尚版、爱情版。女孩的情窦也比男孩开得要早些。在我们的研究小组里，和男孩相比，女孩显然更早而且更清晰地有了明辨是非的观念；而且女孩也更擅长审时度势，善于应对来自生活、行为举止上的影响。

人们有时可能会过度强调性别差异，这两性之间的界限其实并非十分清晰。每一个人身上都会既有一定程度的所谓的男性特征，也有所谓的女性特征。体内的化学元素是如此，人的行为举止也是如此。不过总的来说，男孩和女孩都会在很大程度上符合成长中的各个阶段特点。只是，女孩通常在许多方面都会比男孩稍微早熟一些，尤其是在身体方面以及社交能力方面。因此，如果我们能把这本书中的成长梯度稍微变通一下，对女孩的预期稍微提前一点儿，对男孩的预期稍微推后一点儿，则会有助于我们更恰当地划分孩子成长的年龄段。

❖ 体形与气质

W. H. 谢尔登曾经从体格与性格这两个角度，研究过成年人在个体上的不同与偏差。根据他的理论，人可以按体形分成三大类：圆形人（肉乎乎的身体，短短的脖子，手脚都偏小一些）；方形人（结实的身体，隆起的肌肉）；长形人（瘦长的身体，纤细的骨骼）。很少有人单独属于哪一类，一个人的体质特征，往往会混有其他几种基本体质。气质标志着一个人心智上的特性，综合各种因素就更是千变万化了。不过大体上说，最典型的圆形人，往往有一副不错的肠胃，他们天生善良，比较放松，也容易交往；典型的方形人，活泼好动，精力充沛，刚毅决断，进取心强，嗓门儿也大；纤弱的长形人，克制，拘束，紧张。他们不太喜欢喧闹也不太喜欢伙伴，而更喜欢独处。

尽管每一个人都是各种复杂因素的混合体，但是"典型"的圆形人、方形人、长形人还是会倾向于表现出不同的成长平面图。我们可以借此分析了解孩子在少儿阶段以及青春期的成长情况。比如说，在情感方面，圆形孩子在各个年龄段都显然更容易表露他们的感受。哪怕是在最"退缩"的年龄段，他们也不太舍得"退缩"多少，因为别人对他们实在太重要了。方形孩子呢，哪怕是在不太富于竞争性的年龄段，也只是相对而言不太富于竞争性而已，而且是与他自己在别的年龄段相比较而言。长形孩子则一碰到困难就赶紧退缩，忍受更多的痛苦以掩饰自己。他可能显得更警觉些、反应更快些，但是在很多方面，他往往会显得不够成熟。我们的观察表明，如果把对体形与气质的分析也考虑进来的话，这对了解孩子成长的成熟度具有一定的补充意义。

❖ 智力

人类智力的千差万别，一直是心理学家、教育家和父母很感兴趣的一个领域。尽管有人反对所谓的智力测验，但是毋庸置疑，无论对男孩还是女孩来说，智力都是人生成功之路上一个非常重要的指标。

也许，人们花在研究智力上的精力比所有其他研究的总和还要多，这种研究至今仍在继续。如今，人们不光关注总体上的智力研究，更开始关注具体方面的智力研究，比如语言、数字、空间、形状等许多特定方面的智力。

实际上，智力发育有时候已经被看作一个人的成长本身了，而"智力年龄"成了主要指标。但是，一个正常的 10 岁孩子，哪怕他的"智力年龄"已经到了 14 岁，他也仍然不见得会有 14 岁孩子的举止，他其实更像一个聪明的 10 岁孩子。

在常规范围内，智力和成长的速度并无多大关系，而是和成长的饱满度关系更密切一些。一个出色的孩子，不论在任何年龄段，他的成长特征都会显得更加鲜明。

❖ 成长风格

纵观一个人的整个成长道路，我们不难看到每一个人的成长都有独特的风格。有些人的成长相对平稳，一步一步地逐渐推进；有些人则是阵发性成长，往往是很长一段时间都没有什么变化之后，忽然一下子就有了新的行为飞跃；还有些孩子在不同的成长阶段上，其行为特征从一个极端到另一个极端来回大幅度摇摆；而另一些孩子则在他们的成长之路上，略微来回偏向于各阶段的典型行为而已。这种成长模式的不同风格，会从一个人的婴儿期开始贯穿其整个人生。

当我们通过一个相当长的时间段来观察人的成长过程时，我们会看到一个新的指标。大多数人的成长总体上来说是持续不变的，不论他达到某个成长高度的时间显得偏早还是偏晚，都会或多或少地表现出一定的连贯性。但是有些人则表现出不同的成长风格。一种模式是开始时发育得偏快，但到了后来却最终达不到目标。这有些类似于他在早期发育阶段没能清除某个关键障碍，之后他的成长虽然继续在许多方面推进，但因为整个体系缺了这一块儿，他的成长从此不健全了。还有一种变化体现为发育不成熟。发育缓慢有时候是一种广义的功能障碍，使得一个人的成长最终无法完全达到成年人的水平。不过有时候这是一种良性不成熟，在后来的各个成长阶段中，他的成长可能会加速，也可能会延长，最终他的成长可以逐渐达到甚至超过平均水平。至于一个"超级不成熟"的孩子，即使他的智力水平属于中等范围，整体机能上仍低于成长尺度，显得格外幼小，这会给这孩子的教育带来特殊的问题及挑战。

❖ 与社会的相容性

还有一个尺度对任何一个成长中的孩子都会起作用，那就是他能否接受社会对他的要求而与社会相容。对一些格外焦虑的父母而言，这本书中对孩子行为的描述简直就是一堆废话。实际上也是如此，参与我们研究的原有核心小组成员，也就是我们的研究基础，本来就出自于非常稳定的家庭，是一群少有的稳定的孩子。而且，这些孩子已经是很多年以前的孩子了。至于我们后来增加的 1000 多人的补充组的采访对象，他们都是些自愿参与者。你不妨大胆推测，那些不稳定的孩子，甚至更极端地说，那些反社会的孩子，恐怕不会来当这个自愿参与者吧！

姑且不论我们的研究对象的稳定性，很显然，和成年人一样，在年青人当中，从与社会的相容性非常高的人，到极端反社会的人，什么样的人都有。人与人的相容性一样，从正常人到精神病患者，从外向到内向、退缩，到抑郁症患者，甚至到自杀的人都有。在家里，这类孩子有些表现出日常生活中正常的反叛，有些则为家人所不容，而且他们往往也不容自己的家人。

❖ 与时代的相容性

尽管这本书探讨的主题是孩子一年又一年的行为变化，但是，任何一个人在任何一个年龄段上，其行为至少在某种程度上会反映出文化背景的力量。与我们当初做研究时的少男少女相比，当今的年青人很明显生活在一个不太一样的世界里。

在《一所好的高中》这本书中，萨拉·劳伦斯是这样描写高中阶段的文化背景变化的：

> 60年代，曾经有过一段规规矩矩的日子。那时候，"体育活动是重要的，学生会是庞大的……舞会王后以及啦啦队长都是重要角色"。但是随后学生们突然失去了对各种学校传统活动的兴趣，他们进入了被许多老师贬斥的"嬉皮士年代"，反叛学校各种保守风格的课程和安排。橄榄球赛和啦啦队活动消失了，也没有人愿意参加学生会了，学生个个都刻意打扮得非常邋遢。有些教师至今还记得在那段日子里，到处是学生对老师的"威胁与恫吓"，对学生的管束已经完全瘫痪。"你都没胆量叫学生把扔在地上的橙子皮捡起来……你害怕他们的反击。"到了嘈杂喧闹的70年代，学生们扔下数学和科学课，要求增设些反传统的课程。"带有性别偏差的课程，给老师制造的压力大得一塌糊涂……女孩子要去学自动机械，男孩子要去学幼儿教育"，甚至有少数几个大胆的男孩子去上家政课，而这堂课向来只是女孩子的"专利"。
>
> 到了现在（20世纪70年代后期），事情又回

到了原来的样子，学生重新开始做些中规中矩的选择。久违了的一大群女子啦啦队重又出现，竞争同往年一样激烈。高年级学生到处吹嘘今年的校庆日一定大获成功，他们在花车装点、服装打扮、活动安排等各方面花费大量的精力……新的校风出现了，大家变得很看重年级和班级的排名，很在乎选修"有意义的课程"。再也没有男生选修儿童教育和室内装饰课程，女生也纷纷避免选修工业技术和自动机械等"男性课程"。我们明显看到了人们重新变得比较保守，传统规范也开始回归。

要想真正了解一个成长中的孩子，所有上述这些方面的因素，还有许许多多其他方面的因素，都必须考虑进来。了解在各个年龄段的各种典型以及常规行为的变化，仅仅是理解你的青春期孩子的一个开始，但是至少你已经开始了。我们在这里所描绘的平面简图，是大多数青少年的正常表现。因年龄不同而行为不同，这应该是大多数年青人共同的现象。而个性特征则是每一个成长中的个体对于普遍发展规律的一种独特演绎。

请你在阅读这本书的过程中，牢记这么一条：每个人，不论年幼还是年长，首先都是一个独一无二的个体。

10 岁孩子的
成长与发育状况

　　10 岁孩子已经摆脱了 9 岁时的纠结和小心翼翼的
特点。这时的他们怀着宽广的胸怀接纳周遭，对人友
善，爱好广泛，热爱生活。10 岁的孩子依赖母亲，敬
仰父母和老师。由于生理上的变化，男孩和女孩所关
注的事物开始分离，性别意识逐渐增强。总体来说，
10 岁的他处于让大人省心的年龄，他虽然不能把每件
事情做到圆满，但基本能让他人感到满意。处在和顺
期的 10 岁孩子会让大人们感到愉悦而省心。

1. 成熟状况：10岁的他呈现近乎完美的状态

　　没有谁比 10 岁孩子更美好了。假如你的 10 岁孩子有些时候举止不太理想，那么请你记住，成长不是一件容易的事情，家庭生活也不是一件容易的事情。不过，这两种不容易 10 岁孩子都能承受得住，因为这个年龄的孩子热爱自己的家。何止是家，他实在是热爱生活，更喜欢与他周围的亲朋好友一起，共享这份美好。

　　一个典型的 10 岁孩子最突出的特点是他的善良、平和、友爱，是他对事物本来面貌的接纳。他热爱而且敬仰自己的父母，喜爱自己的朋友，对自己也很满意。因为到了这一年，孩子们终于又走到了一个和顺的、令人愉快的美好阶段。

最让父母感到欣喜的，是 10 岁孩子对爸爸和妈妈的敬仰，甚至可以叫崇拜。爸爸的话理所当然成了律法，妈妈的话更是常常挂在他的嘴边。比如他会对你这么说，"我妈说我可以自己到市中心去玩玩儿了"，这也许是因为妈妈总是那个在他身边絮絮叨叨的人吧！假如妈妈说了"不"字，他也会一五一十地告诉你，而且不带任何恼怒，"我妈说我还不可以（这个或那个）"。

说真的，10 岁孩子真是热爱自己的家人，"我的家是世界上最好的家"。他们也热爱参与各种家庭活动，"每个星期天我们全家都会一起出去骑车旅游"。不过尽管如此，兄弟姐妹之间的相处有时候还是疙疙瘩瘩的。他会以典型的 10 岁孩子风格，平和地跟你谈论他的兄弟姐妹，"有时候我们蛮好，有时候不行"。

他们还是一如既往地喜爱和敬仰他们的祖父母。10 岁孩子总是眼里闪烁着光芒，把他创作的什么作品都拿给奶奶看，或者和奶奶一起欣赏买回来的东西。爷爷的陪伴也让 10 岁孩子感觉到是一种享受。和别人一起分享好东西的这份热情，比如他在科技展上看到的精致的参展作品，是 10 岁孩子最可爱的一个地方。

正如他许多方面都是向外发展的，10 岁孩子的玩耍也主要是与邻近的朋友玩，他们觉得在家附近玩儿就跟在自己家里玩儿一样放松。这个时候，不论男孩还是女孩，都还没有表现出想要脱离家庭氛围的苗头。

说到朋友，接照10岁孩子的风格，男孩子往往跟男孩子们相处得十分和谐。女孩子的友谊之路则好像不那么顺畅，她们之间的关系似乎要复杂而紧张一些，容易出现生气、彼此不说话、故意蒙别人之类的事情。

这时候，异性之间还隔着十万八千里，男孩女孩都一样。女孩子可能会说："嗨，我们才不喜欢男孩子呢！他们有时候很坏。"（揪头发、追逐、推搡、粗野、在聚会上乱扔食物，诸如此类。）稍微成熟一点儿的女孩子会这么说："我们对男孩子还不感兴趣。"而男孩子则告诉你，"我不喜欢女孩子，她们就知道搬弄是非。"不过左邻右舍的孩子们一起玩的时候，男孩还是会接受女孩加入他们的球队，尤其是当人手不够的时候。

大部分10岁孩子都有一副好胃口。如果不喜欢某些食物，他们可能会以一种很夸张的方式告诉你（假装要吐了）。不过从总体上来说，他们不那么挑食。晚上的洗漱和睡觉他们也许还是有些抗拒，这个年龄的孩子仍然对休息和清洁的需要不以为然。

尽管 10 岁孩子对穿什么衣服已经有了一些偏好，尤其是女孩子，但是，他们不在乎衣着和房间整洁的行为还是令人感到沮丧。10 岁孩子会承认，"我的屋子乱七八糟。可是收拾整齐的话，我就找不着我要的东西了。"而且，和 11 岁孩子一样，他会明白告诉你他不喜欢整理床铺："我不喜欢睡在板板正正的床上。"

11 岁的孩子十分反感父母的指手画脚，10 岁孩子要好不少。但毕竟还是一个孩子，他的日常生活与作息还是需要父母一定程度上的监管。

大部分 10 岁孩子喜欢上学，也比较喜欢他们的老师，教起来也挺容易的。他们大多数都尊重老师，也还有可能把老师的话当作圣旨。

和在家里一样，孩子们在学校里仍然需要一定程度上的督促，才能把该做的事情都做了。如果老师的日程安排比较有规律，孩子们知道下一步会做些什么，10 岁孩子一般都会觉得蛮自在。

放了学，10 岁孩子总有忙不完的事情，他们对什么都感兴趣，对什么都充满热情。玩耍是他们生活中最为要紧的事情，而且随便玩什么都是那么好玩儿。户外玩耍的时候，不论男孩还是女孩，个个都非常活泼好动，简直就是不停地动。

让他们玩得很开心的，不是某种好玩儿的游戏规则，而是这么不停地动来动去。有了身体的不断活动所带给他们的充足的快乐，就已经非常棒了。

室内的玩耍，各种收集收藏在一个 10 岁孩子的心里仍然占据首要地位。不过，他其实什么都可以玩得很开心：玩棋盘游戏、做个小东西或模型、缝纫、烹调、绘画、阅读，当然还有看电视，"所有节目我都编了记忆码，随便哪个节目我都知道在哪儿找，只要一开机器，这么一戳，我的节目就出来啦！"

尽管 10 岁孩子基本上算是很好商量也很快乐的孩子，他会告诉你说"我不喜欢发脾气"，可是一旦被惹急了，不论男孩女孩，其实都会发脾气，而且发起脾气来都很火爆。他们会很狂暴、很迅猛很吓人："我揍了他们""又打又踢又咬""到处乱踢"。气急了的时候，他们很少像后来再大点儿的孩子那样跑出门去，而是首先狠狠跺脚，或者破口大骂。有些孩子还会密谋报复，不过倒是极少真的去做。

一个典型的 10 岁孩子，在许多方面都是让你忍不住满心喜爱的，在幽默方面的表现却未达到他的最佳状态。实际上，要说幽默的水平，你简直可以说这个年龄段的孩子一点儿都不开窍。他心目中最大的玩笑，也不过就是骗你说空邮箱里塞满了邮件而已。还有，10 岁孩子不但很不善于拿自己开涮，而且也害怕别人拿他开涮。

不管怎么说，这个年龄段是段幸福的岁月。10 岁孩子会告诉你，"我总是很快乐"。他们还没有长到为自己将来会是个什么样的人而发愁的年龄。他们看自己很顺眼，正如他们看整个世界都很顺眼一样。你要是针对他的偏好、喜爱、习惯于怎么做之类的问个具体问题，他会耸耸肩膀，以 10 岁孩子惯有的面面俱到回答你，"有时候这样，有时候也不见得啦！"

道德方面，正如你所预料的，10 岁孩子是很正派的。这个年龄的孩子会承认，他有时候还是不太能明辨是非，所以他还是需要听妈妈的话，也需要听从良心的指引。"要是有什么不对劲儿，我的良心往往能告诉我，所以我会找我妈，看她是不是要大骂我一顿，然后我就明白了。"

10 岁孩子非常看重公平。他不但要求自己对别人尽量公平，而且要求别人也一样公平地对待他。他觉得欺骗是"很坏"的事情。

一个典型的 10 岁孩子，是一个发自内心积极向上的孩子，是一个友善的、有安全感的、外向的、宽宏的、信赖别人的孩子。最为关键的，也最出自于他本心的一点是，他是一个值得你信赖的孩子。不过，10岁孩子仍然需要相当程度的监督和指教，而且他们也往往乐于接受监督和指教。等将来孩子越大，与父母的关系就会越僵、越不友好，很多父母都因此而很自然地希望自己的儿女能够变回一个容易对付的孩子。

2. 人体机能体系：各方面都有很大进步

　　身体和心智并非两个单独的东西，不过日常生活中人们往往把这两者分开来讲。这里我们单独来讲讲孩子的"身体"，也就是我们所说的"人体机能体系"。因为，一个人的身体系统可能会比他生活的环境更能影响他的言谈举止。对一个处在青春期阶段的青少年来说，很少有比他身体成长的大小、形状以及生理发育的成熟度更能影响他的行为的了。

　　一个从 11 岁就已经进入性生理发育期的少女和一个直到 14 岁才开始性生理发育的少女相比，毋庸置疑，她们对各自的生活有着完全不同的兴趣。一个高矮胖瘦显然比同班同学发育滞后的 14 岁小伙子，在面对他的生活时，尤其面对异性的时候，很可能远没有跟他同龄但是比他高大壮硕的同学来得自信。

青少年的身体不断发生着的各种变化是如此明显，少男少女往往能非常清楚地意识到这些变化。虽然他年幼之时可能是一个完全不关心自己外形的孩子，可如今不论有没有镜子他都能关注到自己的外表与形象。他开始推想自己未来的外形："我会不会一直都这么高得像竹竿？""这么矮得要命？""这么胖得不像话？""这么瘦、这么笨手笨脚？""我的鼻子能长好看一点儿吗？"这种担忧在某些孩子身上相当严重，大人们应该关注孩子们的这种忧虑并报以同情和理解。幸运的是，个头大小与身材比例会随着人的成长朝更好的方向发展，这应该能够让年青人安心不少。

孩子的身体高矮与身材形状，在 10—14 岁之间发生着巨大的变化。有的变化是缓慢进行的，有的却是转眼间的突变，正如我们所看到的。在这个年龄段，身高会出现一段"快速增长"的情形，女孩子往往是在 10—11 岁期间，男孩子稍微晚一些，往往是在 12—13 岁期间。"蹿个头"对女生来说通常出现在月经初潮之前，对男生来说则通常出现在第一次射精之前。

不仅仅是身体上的整体变化，孩子的脸部容貌也一样变化得特别明显。比如说有的人鼻子可能会一时间格外高耸。更有许多人，尤其是男生，会顶着一幅"半完工"的面容过上好一阵子，直到 16 岁的时候才会最终形成他英俊的"真面目"。

有些成长与变化，特别是长高，青少年就很接受也很喜欢。可是有些变化却又令很多人烦恼，例如变声、出汗太多等，尤其最糟糕的是面容上的缺陷。这也就难怪身体处于不断变化之中的青少年往往觉得心里发慌，没个底儿了。

❖ 健康

10 岁的孩子总的健康状况转向"蛮好"或者"比过去好"。许多会让 9 岁孩子嘟嘟囔囔的身体上的毛病，比如肚子疼啦、头疼啦、头晕啦、腿疼啦之类的，都大大减少甚至消失了。即使有时候这些毛病还是会有，但是出去玩的热情自然会盖过这些小毛病。

❖ 紧张情绪的宣泄

"吃手"这类的宣泄动作，有可能会增加，包括咬指甲或者拨弄头发，不过总体来说，10 岁孩子紧张情绪的宣泄动作已经没有 9 岁孩子那么明显了。还有 9 岁孩子很常见的把嘴唇向内咬住的动作，到了 10 岁也不那么明显了，相反倒是会有把嘴唇向外噘出来的明显倾向。如果孩子在这时候还是有吮大拇指的习惯，那就该好好花些力气把这习惯戒掉了。到了大约 10 岁半左右，有些孩子会出现坐立不安、单脚跳、片刻不宁等现象，而且这些现象多半会出现在女孩子身上。

其实，孩子宣泄紧张情绪的途径，随着年龄的变化会呈现出一定规律性。他们偏好于基本生理上的宣泄，例如肚子疼以及头疼，还有外在行为上的宣泄，例如面部表情的扭曲、四肢乃至整个身体的多动等，很有规律地从 10 岁、11 岁、12 岁、13 岁一路递减到 14 岁，后者比前者的程度显然降低了很多，频繁度也降低了很多。

❖ 视力

10 岁孩子的视觉行为告诉我们很多其他内部机制的运作。这时候的孩子可以连续接受眼科医生一个多小时的专业检查而不觉得疲劳。他对自己的眼睛视力甚为满意，很少说有眼睛上的不适（比如，视力模糊、重影、总有眼泪等等），尽管实际测试结果和理论上的"理想"境界还是有相当一段距离。

但是我们必须注意，不可混淆哪些是真正的视力问题，哪些不过是成长中的阶段性现象。

10 岁孩子的定睛注目已经达到最佳阶段，能够搜寻定位。他们用眼睛环视一间屋子或外景，便能够观察到这个东西在这里、那个东西在那里。不过他们的常规行为告诉我们，这时他们还不具备深入、透彻的观察能力。这无疑显示出他们的聚焦机制还没有准备就绪，尚未进入分辨及洞察的更高阶段。

对于 10 岁的孩子来说，注目的"骨架"机制已控制得当，而聚焦的"内脏"机制还有待发展。这种清晰、精准的聚焦机制要一年后才能实现。所以，这时的孩子长于记忆而短于敏锐洞察，也就不足为奇。他们更喜欢此时此地的现状，而不想置身于新的环境，尤其不愿意戴眼镜。当然了，如果你要求他们戴眼镜，他们还是会戴，只不过他们能不戴就不戴。

10 岁孩子对双眼的运用相对比单眼更好，因为他们还没有掌握好运用单眼识别、处理图像的能力。同时，他们的视觉机制也不能自主地向外做空间投射。这也许就是他们倾向于在家附近和邻居的孩子们玩耍的原因。同样，这也可能是为什么他们喜欢骑自行车及跑步所带来的刺激，因为他们的视觉机制现在还没法像骑自行车及跑步那样，把他们的身体推到"太空"中去。不过，不久他们就可以并喜欢用视觉做这种空间投射游戏了。

❖ 女孩生理发育及性意识

10岁生日前后的女孩，其身量和性发育程度与男孩子不相上下。但是，过后就和男孩子不一样了，大多数女孩在这一年间，开始显现出虽然微小但仍然无法忽略的生理成熟，标志着她们从此走向了青春期。她们的幼童式身躯开始变得线条柔和而圆润，尤其是臀部。

整个胸部开始长出一层柔软的填充组织，乳头往往会略微突出一点点。腰部轮廓更加清晰，胳膊的形状也比过去圆润。即使是最瘦削的女孩，虽然她的身躯还显现不出柔和，但是她的面部还是会变得饱满些，更接近椭圆形。面容轮廓，尤其是下巴的尖削程度，也会比9岁时柔和不少。

大多数女孩在这一年里开始在身高上能蹿出一头那么高，少数女孩还会长出薄薄的柔软的阴毛。她们大多知道月经这回事，有些还可能开始有一点点阴道分泌物出来，这是行经即将开始的正常现象，除非气味很重或者孩子很疼、很痒，极少数女孩会在 11 岁之前来月经。

性发育（和社交意识）的迅速成长，一定程度上使得女孩子对性别的觉察远比男孩子出现得早。但是她们反而比男孩子更少谈论到性，不太会去说些带有性别以及排泄含义的不当玩笑。她们已经知道应该对性三缄其口，哪怕是面对妈妈。另一方面却又开始对爸爸妈妈之间的关系感到好奇，会问些很私人的问题，比如爸爸是不是跟妈妈"那个"了。那些性意识更明显些的女孩子，如果自己的兄弟窥探了她们，或者是她们看到了自己的爸爸穿、脱衣服，都会感到十分难堪。

10—11 岁的女孩子很在意自己胸部的发育，而且如果没看到有什么变化的话，她们会感到局促不安。乳头的痛楚常常令她们嘟嘟囔囔。发育快一些的女孩子又因此而发愁，不知道是应该把肩膀塌下来还是应该弓向前面，才能遮掩自己的发育。

如果有人传授性的知识，女孩会比男孩显得更加尴尬，有些会表现得好像已经忘记了小时候知道的这方面的东西。但是她们对阅读关于身体和性方面的书籍又非常感兴趣。如果问起来，有 60% 的女孩会表示她们觉得已经有了足够多的知识。

小姑娘们对月经的了解来自不同途径。有些对此比较放松，有些比较期待，而且表示她们会对月经来潮感到很自豪。但也有些孩子对此感到害怕，只有当她们明白如果没有月经就没法生小孩之后，才能够接受这一现实。女孩子每每会问及卫生棉条以及卫生巾的话题。

❖ 男孩生理发育及性意识

尽管男孩女孩的身高差不了多少，但是男孩发育的步调要慢一些。这时他们的身体尚未显现出什么变化。但是如果仔细检查并且与9岁的身体做比较，10岁孩子还是会有微妙的变化。他的身体会更坚实一些，尽管体重方面不见得会增加多少。身体的轮廓会略微变得有些柔和饱满，尤其是下巴、脖子和胸部。外表上还看不出有任何性发育的征兆来，只有极少数孩子的喉结会稍微长大一点点。

10岁的男孩子对性别的觉察不比他的生理发育成长得更快。这方面他问的问题很少，而且往往在不恰当的时候以一种漫不经心的方式问出来。如果问起来，将近半数的男孩子（45%）会表示他们认为已经对性有了足够多的认识。

尽管他们好像对别人传授的性知识显得漫不经心，可是大多数男孩子喜欢阅读用简单文字描述一个小婴儿从开始出生到成长的整个过程的书籍。他们对这一过程中爸爸的角色很感兴趣，虽然嘴上说"那多丢人啊"。他们已经意识到有一天自己也可能变成一个爸爸，常常会说要把什么东西留给将来的孩子、要对他们说什么话等等。

少数男孩的自我觉察和自我意识要多一些。洗澡的时候他们会把门关上，也不肯在妈妈面前穿衣服了，更别说是姐妹。不过，好奇心又促使他一有机会就想去偷窥她们换衣服。常常是这些孩子，会去学些粗口，开些针对性别以及排泄的不当玩笑。若是有高年级的男孩子讲些"脏话"，或者学校厕所的墙上写了什么，这些孩子总是特别机灵，一沾就会，尽管他们实际上并不知道这些字眼的真正含义是什么。他们还喜欢背诵些有关性别以及排泄的顺口溜。知道得更多的男孩子，在妈妈以及其他女性面前说话已经开始不一样了。

3. 自我照料和日常作息：自主性增强

❖ 饮食

食欲： 大多数孩子都"又爱吃，又能吃，还要不停地吃"，不过还是有些孩子会淡淡地说，"有些时候我喜欢吃，有些时候却不想吃。"即使最没有胃口的孩子，这时候也比他们平常吃得要多些。有些本来食欲不太好的孩子，会一下子发展到非常能吃的地步，也肯尝试新的东西，而且愿意吃别人（妈妈之外的人）做出来的东西。不过也有些孩子，食欲的好坏要看端上来的是些什么饭菜。不少孩子一整天中任何时候都有食欲。有时候只消说说菜式，10岁孩子就可以有很强烈的、要么喜欢要么讨厌的反应。早上不想吃早餐的孩子很少见，而且这有可能是因为头天夜里入睡前吃了些点心。整个白天孩子的食欲是越来越好，到了下午许多孩子都想提前知道晚餐会有些什么。

偏好与挑剔：10岁孩子喜欢的食物比不喜欢的要多，实际上不少孩子简直是什么都喜欢吃。有些孩子不但有偏爱的食物，更有偏爱的菜式，比如开头的几样往往是牛排、烤牛肉、汉堡包和热狗，紧随其后的就是土豆泥。大部分孩子喜欢吃比萨。少数人会喜欢成人口味的龙虾等海鲜。可以生吃的蔬菜，比如胡萝卜、生菜、西红柿等，会比煮熟了的蔬菜更受欢迎。

冰激凌和蛋糕是广受欢迎的餐后甜点。有些孩子很喜欢甜食，当然也有些孩子碰都懒得碰。那些特别馋甜食的孩子，不惜去求告、去"借"，或者干脆去偷糖来吃。

遇到不喜欢的食物，10岁孩子要么很夸张地说"我最讨厌吃……"，要么干脆假装呕吐。尽管10岁孩子很乐意尝试新的东西，不过真要是碰到不喜欢的，他们肯定不吃。比如猪肝、洋葱、鱼、芦笋、菠菜、煮熟的西红柿等，统统不吃。浓稠的肉汁可以来一点，但是"炖大杂烩"之类的还不属于

10 岁孩子可以接受的菜式之列。

点心与甜食： 几乎所有的 10 岁孩子都喜欢两餐之间的点心，即使是那些想要"节食"的孩子也会吃一点点。有一个孩子引用他妈妈的话来给自己撑腰："在点心时间我可以喝好多好多苹果汁，我妈说那东西对我身体有好处。"

受欢迎的餐间点心通常有软包装饮料、曲奇饼干（特别是干果曲奇），以及水果。

对甜食的喜好，不同的孩子之间差异很大。有些特别馋甜食，"见到甜食就不要命了"；有些则不怎么感兴趣。有些孩子虽然喜欢但是不得不克制自己，因为牙齿、体重，以及父母的限制等。冰激凌一般来说是最受欢迎的。糖果和甜馅饼则不怎么受欢迎。

餐桌礼仪： 我们所研究的这一组 10 岁少年当中，大约有一半的人可以说合乎礼仪，而且他自己也表示父母"没有挑剔"他吃饭时的仪态有什么不对。但是另一半人则往往被父母描述为"不好"或者"很糟糕"。家长抱怨的主要问题，是孩子的动作不够规范，比如胳膊肘支在餐桌上、一上桌子就先拿叉子之类的。抬起来的胳膊肘可能入侵了邻座的领域。餐巾可能又忘了铺好，不过随后会想起来。如果到外面去吃饭，或者家里来了客人，10 岁孩子的餐桌表现已经让人无可挑剔，也许这就是父母不再太过唠叨餐桌礼仪的原因之一吧！既然孩子已经达标了，那么家里没外人的时候，大家也就不妨放松一些了。

帮厨：不论男孩还是女孩，这时对做饭都有相当高的热情。我们这一组少年当中，大约有¼的人烤过饼干。孩子做过的东西以煎培根肉、煎鸡蛋、汉堡包或者热狗等为主。有的人甚至已经尝试过烤蛋糕或者摊煎饼。

❖ 睡眠

就寝：10 岁孩子还没有成长到能自己觉得累了就主动上床睡觉的程度，家人的提醒还是需要的。不过呢，按照 10 岁孩子一贯的风格，反过来的情形也是有的，"大部分时间我都做得很好，也有时候不好""如果我累了，我就立即去睡；如果不累呢，我就再晃悠一会儿"。总体来说，就寝时间一般在晚上 8 点半到 9 点半之间，这期间大部分孩子都会在 9 点左右上床，少数孩子则需要家长催了又催。

男孩子比女孩子更容易去睡觉，也能更快些入睡。他们的就寝准备也更讲究些，喜欢由妈妈来给他们掖掖被子什么的。女孩子往往不太容易入睡，听听收音机、读读书，或躺在那里想想心事，这是她们常有的就寝准备。大多数女孩子9点半左右入睡，而男孩子则往往比这要早一些。

总的来说，10岁的孩子能一觉睡到天亮。他们已经能意识到好好睡一觉的重要性，睡眠时间也减少到了10个半小时或9个半小时，当然男孩子的睡眠时间要比女孩子的多一点。

睡眠：10岁孩子仍然会做噩梦，尽管他们说噩梦的数量已经大大减少，甚至有人说没有了。事实上，10岁孩子报告的噩梦次数和美梦次数挺均衡的。不论男孩女孩都已经注意到，噩梦多出现于生病的时候，比如感冒发烧，而做了手术、看了可怕的书或者电影之后，也容易做噩梦。

晨起：醒来并且起床，对10岁孩子来说通常不是什么问题。不少孩子醒得蛮早，尤其是男孩。早上7点是很常规的自醒时刻。随后的事情，比如穿衣、遛狗、做早饭什么的，需要提醒起床的次数跟晚上提醒就寝时的次数比起来少得多了。当然，也有些早上也不肯起来的孩子，这就是那些晚上不肯睡的孩子，而且多半是女孩子。她们睡得太晚，也许需要你把她们从被窝里拽出来。

❖ 洗澡、洗头发

大概水和肥皂里有些什么东西吧，10 岁孩子似乎跟这两者有些过不去。平常又温和又顺从的 10 岁孩子，到了洗澡的时候却变得固执己见。男孩也好女孩也好，肯定都不喜欢水，尤其不喜欢用水冲洗他们的脸。

当然了，也有的 10 岁孩子永远把自己打扮得干净整洁、一丝不苟，这样的孩子肯定不去动脑筋赖掉一次洗澡。

其他孩子也已经开始知道保持个人清洁是很重要的社会行为。家长应该理解孩子对洗浴的抗拒，把尺度放到更合适的位置上，他们应当因为 10 岁孩子仍然给他们机会去提醒孩子入浴而感到欣慰才好。妈妈也许还需要帮孩子放洗澡水，然后再帮孩子清洗澡盆。

有时候，如果洗澡的时间和其他活动不相冲突，比如看电视或听收音机，孩子还是能够去洗澡的。不过，如果你要他自己来安排的话，他可以连续三四个星期都不洗澡，而且根本连想都不曾去想。可是呢，尽管一方面他们很抗拒洗澡，可是另一方面一旦他们进到澡盆子里，却又往往十分惬意，可以在水里面玩上一个多小时。不少孩子更喜欢盆浴，当然女孩子用洗发剂洗头往往要用淋浴，而且还要妈妈来帮她冲洗头发。

至于其他仪容上的讲究，比如梳头发、刷牙、剪指甲等等，10岁孩子都很少在乎。女孩子留短头发可以少不少麻烦。嚼胡萝卜和芹菜对牙齿的保护作用也许跟刷牙差不多重要吧。

❖ 衣着与收拾房间

10岁孩子一般都喜欢自己挑选早上要穿的衣服，尤其是各种校服。很少还有人需要妈妈替他们把衣服拿出来摆好，如果妈妈摆出来的衣服不合心意，他们也会自己去换一件。尽管10岁孩子的选择一般都还算靠谱，但是他们有可能忘记考虑天气因素，也倾向于连续好几天都拿同样一件外套。所以，妈妈还是应该检查一下。幸运的是，他们大多乐于接受妈妈的建议。

对旧衣服的偏爱占主导地位，而正式的礼服孩子会很不喜欢，比如一个10岁孩子可能因为不愿意穿白色衬衣而不想去上礼拜天的主日课。

10岁孩子不希望通过自己衣服的款式或者颜色吸引众人的眼球。有些孩子非常讨厌新衣服，以至于完全不肯接受任何新装。妈妈们常常不无遗憾地告诉我们："新衣服一直挂在那里无人问津。"

　　衣服们的待遇现在是相当的可怜，正如一个女孩子说的，"我们随手把衣服一扔"，她又加上一句（毕竟是和顺的 10 岁孩子），"不过，过一会儿我们还得把衣服挂起来"。父母则几乎口径一致地告诉我们，"站在那里，衣服就地一脱，抬脚就从衣服堆里跨出来走掉了"。有些家长和孩子们说好，可以把衣服堆到某张椅子上面，然后至少一个星期清理一次孩子的房间，以确保定期重新开始走向整洁。

　　买衣服： 妈妈买衣服的时候，10 岁孩子已经开始帮着挑选了。女孩子更愿意和妈妈一起去逛商场，男孩子则大多讨厌试穿新衣服。不论孩子是否跟着妈妈去采购，当妈妈的都需要事先询问孩子的喜好。一般都能商量出一定的结果来，而妈妈常常是最后拍板的人。

　　10 岁孩子不觉得捡别人穿过的衣服有什么不好；相反，他们倒是会珍惜它们，因为他们喜欢那种旧衣服所带来的舒适感觉。

　　收拾房间： 从他们偏爱旧的、随意的、别人穿过的衣服这种品位来推测，你很难指望 10 岁孩子的房间有多么整齐。他们会这么说："我的房间乱七八糟的。可是假如收拾整齐了，我也就不知道在哪儿能找到我的东西了。书就扔在一大堆东西上面。这多自在、多方便啊！"有时候，他们也会收拾整齐，但是家里永远没有足够的空间存放他们那些各种各样的、没用的、七零八碎的"宝藏"。

10岁孩子需要一间自己的屋子，在那里他可以爱怎么乱就怎么乱，并通过他精心挑选的"宝贝"和习惯的环境来更充分感受自我。他们的房间离井井有条还有一段路要走。对了，他们已经开始喜欢用一些旗子、标语、画报来装点他们的墙壁（男孩子的画报一般是橄榄球星或者棒球球星，女孩子的画报可能是一群马或者奥林匹克体操运动员）。他们的床铺上面可以一塌糊涂，但是墙上插着的小旗子的角度却是一丝不苟。

❖ 金钱

大多数孩子依赖于父母给的零花钱，尽管也有少数孩子开始自己挣些钱。每周的零花钱，各个家庭数额都不一样，从25美分或50美分一周到超过2美元一周的都有。（译者注：随着时间的推移，对于这本书所提供的零花钱的参考范围，读者一定要考虑到通货膨胀的因素。）

许多孩子在这个时期对钱还非常随意，他们要么忘记向父母要，要么忘记放到哪个口袋了，要么干脆弄丢了。不少家长埋怨孩子"没有责任心"。有些孩子会存一点点钱，有些孩子一点都存不下来，还有些孩子会担心家里的钱会不会用光了。

花钱的范围十分广泛，许多10岁孩子喜欢乱花钱买些没用的东西。而且他们大多喜欢"请大家的客"。但是，也有些孩子买礼物时计划得相当仔细，而且大部分孩子清楚地知道他们承担的圣延节义务。（译者注：指买礼物送给亲朋好友。）

❖ 劳动

10岁的孩子素不上喜欢劳动。哪怕是你掏钱让他们倒个垃圾什么的，他的反应也不过是头一个星期兴致勃勃，随后便会渐渐厌倦。10岁孩子能做不少事情，比如烧废纸啦，修剪草坪啦，铲雪啦，在家里照看小弟弟小妹妹啦，不过做起来没什么长性，三天打鱼两天晒网。如果给孩子一定的压力，他们也能干出一手漂亮的活儿，但是与此同时滋生的疲顿和厌倦却又使得他们没什么好气。父母给10岁孩子安排家务劳动时，要注意保持弹性，而且还要知道不论男孩子女孩子，有个合得来的成年人和他们一起做的话，他们会干得更好。

4.情绪：乐观、积极、阳光

　　对许多孩子来说，青春期是一段情绪波动剧烈、精神压力大的时期。这一观点可能有些人不会认同（而且可能这些人都不曾为人父母），他们认为，假如整个社会都能提供支持，那么青少年在各个方面都不应该再觉得有那么大的困扰。

　　玛格丽特·米德博士（如今她已遭到质疑）的著作《萨摩亚人的成年》，在某种程度上支持这种环境论，即，假如整个社会不往孩子的成长之路上投掷障碍物，那么青少年的成长就应该是轻松而惬意的。我们对米德博士充满敬意，但是我们也认为，即使是在美国最为出色的家庭里，处于青春期的孩子和他们的家人都不可能过得轻松而惬意。

　　单靠孩子行为的某一个方面，完全不可能决定我们对这孩子的期待，不论他目前处于哪一个年龄段。但是，10 岁到 12 岁期间，少年人对自我的感知、跟父母的关系，以及他的自我情绪这三个方面，至少应该算作最能决定和界定孩子可能出现哪些行为特征的关键因素。

有一些专家，例如皮亚杰，把一个孩子的"认知"或者心理成长独立于他的其他行为之外。我们格塞尔研究所的人并不做如此区分，正如格塞尔博士所指出的那样，"人的心智通过他身体各部位的几乎所有的行动呈现出来"。

孩子的情绪也同样如此。尽管本杰明·斯波克有一次批判了我们的研究，因为他认为我们没有研究孩子的情绪，但是，对我们来说，孩子的情绪跟他的心智一样，渗透于他行为的方方面面。一个沉静的、安静的、善于自我调整的人，我们固然可以用戏剧化的词，如"零情绪化"去描绘他的言谈举止，但它其实无可避免地携带了一种"情绪"，只不过是一种非常正面的、积极的情绪。

任何一个人的行为特征不仅都会带有一定的情绪成分：沉静、暴戾、善于自我调整、茫然无措、均衡、紊乱……而且，还会带有他所处的年龄本身所具备的情绪特征。我们前面的著作中已经指出，随着孩子年龄的增长，他会交替进入和顺年龄段以及不和顺年龄段，也会交替进入开朗、外向的年龄段，以及内向、退缩的年龄段。毋庸置疑，环境影响也在起作用。

但是，即使我们考虑进几乎无止境的可能的变量，在10岁到12岁期间，孩子的情绪变化仍然或多或少不可避免地呈现出一定的规律性。

❖ 较之9岁，情绪好转

朋友们或家长们在描述他们10岁的少男少女时，有很多溢美之词！每个人都说他们可爱、快乐、随和、真诚、放松、泰然、率真、坦荡……很好相处，而且友善得一塌糊涂……

不少孩子从9岁到10岁的情绪转变不太容易察觉。这种一点一点的逐步转变，如果不是回过头来和9岁时候的情形相比较，都不知道发生了哪些变化。可是也有些时候，孩子的转变却又是突发式的。"她一下子从困难重重之中挣脱出来，就好像突然蜕变了似的。""这一年他处在阳光的一面，而去年他却是在另一面。"孩子给人的感觉就仿佛在9岁和10岁之间真的有个分水岭，一旦跨过去就登上了一座新的山峰，来到一个全新的领域，进入了一个从10岁到12岁的全新的成长周期。当然，有些孩子在这片新天地里还站不太稳，他们尚未做好充分的准备。

　　10 岁孩子的生活非常美好，美好得简直就是忘乎所以，以至于你若是问他一个关于情绪方面的问题，他反而会大吃一惊。孩子这时的回答往往是"啊？不知道。""呃，说不好。""从来没想过呢！"若是有所置评，他们总会加上一个范畴，"唔，要看情形啊！""有时候这样，有时候那样。"

　　总的来说，10 岁孩子的日子比 9 岁时好过多了，尤其是他可以"做更多的事情"。10 岁的孩子是一个行动派，而不是一个思考者。随便一个简单的事情就能带给他很大的快乐，比如说晚饭后可以出去玩、没有家庭作业、光顾一个儿童乐园……好运气好像都偏向他，虽然也有运气不好的日子，可是"要看情形"嘛。

　　惧怕的情绪少之又少。根据 10 岁孩子的报告，以前怕狗、怕黑的孩子，现在自然而然不再害怕这些了。不过，不论男孩女孩，仍然倾向于怕蛇；他们还说，不希望在黑暗中遇到一头狮子，或独自被留在一座古堡里。10 岁孩子担忧的事情，和他害怕的事情一样少。上课啦，作业啦，总有些让人担忧的事。对了，还有上学不能迟到。不过，总的来说，这种担忧大多因人而异。一个男孩子可能担心他会不会弄丢了钱包，另一个女孩子则可能担心她家的汽车会不会汽油不够了。

❖ 用生气表达不满情绪

生气是 10 岁孩子最常见的情绪表达，这够让你意外吧？
这个心满意足的、乐于合作的、可爱的小小 10 岁孩子，生起
气来，那叫个火山爆发，又快又猛，甚至又踢又咬。如果他
能控制得稍微好一点，他会张口大骂，会哇哇大哭，也会一
边狠狠跺着脚一边哇啦哇啦骂着回到自己屋里去。不过，10
岁孩子也不是随便就发脾气的。"那要看是谁惹我生气了。如
果我姐姐惹了我，我会扔回形针、弹橡皮筋去射她。要是我
爸妈不公平地惩罚了我，我就会回自己屋里去生闷气。要是
在学校嘛，那就只好算了，所以我有时候觉得在学校里挺不
公平的，这种时候我就找朋友聊几句。"他们总能找到宣泄愤
怒的出口，哪怕是倾诉给小狗听，或者密谋一个永远不可能
实施的报复计划。10 岁孩子发火的最大特点是升温很快，降
温也快，转眼之间雨过天晴。这个年龄的孩子看来个个都有
不错的废气排放系统。

尽管 10 岁的孩子也会被气哭，不过总的来说他们觉得
"都多大了，哪能哭呢"。所以，这个年龄的孩子眼泪是最少
的。一个男孩子可能很坚定地告诉你："要是割破了哪里，或
者他们不带我去哪里，我也不会哭。"可是如果爸爸死了，他

还是会哭的。刚才还泪雨滂沱的孩子，转眼就可以这么淡定地跟你侃侃而谈。悲伤有时候会令他们落泪，不过不常有，他们倒是更容易被气得大哭。

10 岁孩子可能会伤心，当然通常不会伤得太深。如果谁伤了他的心，有些孩子会"哭着回家"；也有些孩子会装得若无其事，很快镇静下来，掩饰自己的难堪。

❖ 突然爆发情绪

表达喜欢的情绪，也和发脾气一样迅猛。10 岁孩子往往会一下子爆发出对父母满心的喜爱，冲上去又亲又抱，用这类身体语言来抒发自己的感情。他们会很自然地说"我爸爸妈妈是世界上最最好的"，而且也往往很乐意毫无芥蒂地接纳来自父母的指教和要求。他们大多为自己的家和亲人而感到幸福，很少希望能和别人家换过来，哪怕别人家更为富有。当然，他们也会眼馋朋友的自行车或者邻居的收音机。有些男孩会羡慕其他男孩的强壮，女孩则希望自己更漂亮些。

10 岁孩子最大的麻烦，恐怕是和兄弟姐妹之间的扯皮了——无休无止地相互攀比。不过好在他们每天的生活总是那么忙碌，扯皮的事情倒是比以前少得多了，对兄弟姐妹也更宽容大度。

可是，他们和同龄人之间攀比，却和发生在兄弟姐妹之间的竞争形成鲜明的对比。尽管 10 岁孩子会喜欢拔河比赛，可是他们却不喜欢去表现，尤其不喜欢自己比别人都厉害，不愿意鹤立鸡群，因为他往往会顾虑到"别的小孩儿会有什么感受"。他们大多愿意努力让自己做到最好，可是更愿意做得和别人一样好，而并不愿意赢过别人。

❖ 笑点异于常人

一般的 10 岁孩子都不怎么有幽默感，但是喜欢留心双关语，喜欢时不时来一段过时的俏皮话。他们尤其喜欢开一些恶作剧的玩笑，而成年人却往往不觉得有什么好玩。比如，他会抓一些词来拼凑一个双关语玩笑："弗吉尼亚（女子名称，也是美国州名），你肯定是一个州（'州'这个词在英语中的另一个意思是'形态'）。"开玩笑这门艺术对 10 岁孩子来说偏难了些，他也许会把"包袱"太快地抛出来，甚至根本就没有什么"包袱"。可是呢，他还偏要满怀希望地问你："明白了吧？"唉，他的幽默若是想要逗得你乐起来，实在还需要好好下一番功夫。

5. 自我意识：有目标，但缺少 深层次的考虑

　　10岁孩子走到了一个能够非常自信地肯定自己的快乐阶段。他可以拓展出很多感兴趣的领域，还可以相当长久地专注于每一件事情。他喜欢把每一件事情做完，但是不喜欢把它做大做复杂，甚至巴不得能以点概面。这不是成长的时候，而是扩展与体验的时候，他对什么事情都乐意去尝试。

　　10岁孩子的想法一般都是快速的、明晰的、肤浅的，而不是更深层的感受，尽管他们已经初步有了做一个好人的想法。10岁孩子可能说他的自我"是内心所想，而不是嘴上所说"。他认为这些念头来自他的头、他的大脑、他的心智，也就是他最倾向于他的自我。尽管他心里知道，他还没有深层

次的准备。

他们对自己最大的优点和最大的缺点都有一定的见解，比方说阅读、拼写或者滑冰。按照他们自己的说法，可能是他们的最强项。其实，大多数10岁的孩子已经有了一定的公平意识，而且喜欢运动的意识往往在他们心中占据了最高点。他们说起缺点倒是比优点要具体一些，比如练钢琴时舌头伸了出来，忘了刷牙，拿了蛋糕上的糖霜吃，把1988错写成了1987。

总的来说，10岁孩子对自己、对自己的年龄、对自己的父母、对自己的家，都感到满意。最好的时刻就是"现在"，也就是10岁，因为"你不算太小也不算太大"。只有少数的尚未在当下站稳脚跟的孩子，才会希望自己更小些或者更大些。而且，10岁孩子的风格之一是，他们经常把原因归结得很具体。比如，想要变更小些，那是因为"小孩子的衣服更漂亮更可爱"；想要变更大些，又是因为"就可以去买你想买的东西了"。一个小姑娘还用这么一段话，把过去和未来一并做个总结，"最美好的时光是从你生下来到8岁，还有从你21岁到30岁。8岁以前你差不多想怎样就可以怎样，不需要遵守什么规矩。21岁到30岁的时候，你可以到处走，而且不用急着回家；你还不用去上大学；30岁以前也不需要工作挣钱，反正这时候你可以找妈妈要钱。"

10 岁孩子的心愿，彼此都差不多。他要么胸怀宽广地向往世界的和平，向往健康与快乐；要么就许下一些很具体的物质愿望，比如有一辆自行车或者拖拉机。住在农场里，拥有自己的小狗和自己的马，这份快意也会打动许多 10 岁孩子的心。而女孩子最大的愿望，则是给她一个小宝宝让她好好照顾。

许多 10 岁孩子会考虑将来的大学（我们有 87% 的女孩和 70% 的男孩说他们要上大学）、职业、结婚等问题，而且有些孩子的选择已经相当明确。只不过这些选择很大程度上受父母的影响。那倒不是因为父母如何引导了他们，而是来自他们对父母的认可和敬仰，使得他们想要学父母的样子。于是乎，他们向往的大学，往往是爸爸或者妈妈上过的大学。丈夫应该是她爸爸那样的人，至少也要是个慈父般的人。不过这一话题男孩子大多还说不太清楚，尤其将来的妻子会是什么样的人，有些人干脆想都还没有想过。

至于说职业，和刚才一样，10 岁孩子可能会选择爸爸或者妈妈的行业或职业。不过，要从那么多的选择中决定到底该做什么好，这常常让孩子为难。但是从总的倾向来看，不论男孩还是女孩，帮助别的人或者小动物显然是一种动力。

与我们会谈过的孩子当中，老师或者兽医是女孩子的主选。医生、木匠、运动员则是男孩子的主选。基于10岁孩子什么都想要的倾向，女孩子有了婚姻事业两不误的想法。一个女孩子还解释说："我不想仅仅结婚当个妻子。"87%的女孩说她们想要结婚，这个比例和50年代的调查差不多。不过想要结婚的男孩的比例，从50年代的50%提高到了82%。84%的女孩和79%的男孩希望会有孩子。

6. 人际关系：亲情、友情其乐融融

❖ 与家庭的关系

10 岁孩子跟家人之间的亲情关系比 9 岁时浓郁了很多。大多数孩子都很喜爱、很眷恋自己的家，而且通常都很愿意参加各种各样的家庭活动，比如野炊、看电影、自行车郊游、出门去旅行。"每个星期天的下午我们全家都一起骑车出去兜一圈风。"

如果说"家"这个词真的对一个孩子有意义，那就是孩子到了 10 岁的时候。

喜欢就事论事的、心满意足的、容易相处的 10 岁孩子，他和他的家庭之间一切都很好。孩子会很真诚地告诉你说，这个世界上他最热爱的就是他的爸爸和妈妈。凡是"我妈妈"说的话都是最高圣旨。妈妈可以允许他做什么，也可以不允许他做什么，10岁的孩子很少质疑妈妈的这些决定。爸爸可能更深得他的景仰，因为他是"耀眼的光芒"，是"世界上最好的爸爸"，"什么事情他都无所不知、无所不晓"。对祖父母的感情，也和以前一样，他满心是爱，满心是敬。

兄弟姐妹吗？呃，这倒是有些不同。不断地斗嘴、争吵、打架。"瞧那副被宠坏了的德行！我恨不能砸扁了她的脸！"10岁孩子跟哥哥姐姐的相处比跟弟弟妹妹要好很多，不过，即使是对弟弟妹妹，有时候他其实也挺宽容的。

母子关系

像5岁孩子和妈妈的关系一样，10岁的孩子再次把妈妈当成他们宇宙的中心。不论男孩还是女孩，和妈妈的相处都非常融洽。他们不但依赖妈妈，而且仰慕妈妈，敬重妈妈。女孩子尤其愿意向妈妈倾诉心事，吐露衷肠。孩子们对妈妈无所不谈，以至于妈妈都要嫌他们太过聒噪。10岁孩子喜欢这种和妈妈犹如密友的、充满信赖的感觉。

10岁的孩子特别希望一放学妈妈就有工夫听他们絮叨。

如果回到家发现妈妈不在，或者妈妈虽然在家但是没有工夫听他们喊喊喳喳地唠叨学校里的事，那等妈妈可以倾听的时候，他们可就没什么说话的情绪了。

他们愿意接纳妈妈希望他们做得更好的要求，而且往往能轻松自如地响应妈妈的号召。而他们自己也很自然地愿意去帮妈妈的忙，甚至喜欢给妈妈来点儿惊喜，比如帮她把早餐端过去。男孩女孩都非常愿意表露他们对妈妈的亲昵之情，并且喜欢妈妈夜里去替他们掖掖被角。

父子关系

爸爸们则从另一种角度显示出同样的重要性。实际上，爸爸在孩子们心目中的地位也许比妈妈更高，往往能赢得孩子的仰慕和崇拜。女孩子尤其对爸爸感情深厚，任何来自于爸爸的责怪都会让他们伤心。

有爸爸陪着一起玩，无论什么都好玩极了，不论是爸爸还是 10 岁孩子，都能乐在其中。出去爬山、打球、看球赛、游泳、滑冰……哪怕只是相伴左右，都是 10 岁孩子最喜欢爸爸的美好时光。

10 岁的孩子不但尊重他们的父母，而且尊重父母的地位。孩子们再三挂在嘴边的话就是"我妈说……"，看来妈妈的话显然很有权威。他们相信做父母的一定都爱自己的孩子，而且不赞成过分放纵，"公平就可以""别太苛刻了，可也别太松了"，这就是 10 岁孩子的想法。他们有可能想要去试探父母的底线，不过如果父母不肯让步，10 岁孩子则很乐意接受父母的意愿，而且对父母不让他们太过于得寸进尺甚是满意。

祖孙关系

父母亲是 10 岁孩子最为热爱的人，世界上再无他人可比。而祖父母其实也差不了太远。比如说小孙儿会非常乐意拉着奶奶去看博物馆中一个很特别的展示品："奶奶，你肯定会喜欢这个！"孩子也可能对你说："他是世界上最好的爷爷。他甚至可以做我的好爸爸呢。"而且这份浓浓的爱意，往往在祖孙间双向流动。

兄弟姐妹关系

不过，尽管 10 岁孩子这么温和，可是他们却没有能耐和弟弟妹妹和谐相处，尤其是 6 岁到 9 岁的弟弟妹妹。虽然几乎没有谁真的愿意自己是家里唯一的孩子，可是他们有时候真希望那个惹人烦的弟弟妹妹最好"人间蒸发"或者"到别人家住上一段时间"，当然这时他们心里又总是纠结在愧疚之中。

你要是问一个 10 岁的男孩子，他和弟弟妹妹相处得如何，他八成会这么答复你，"这个嘛，有时候还好啦，有时候不行。"一般都是弟弟妹妹先来嘲弄他纠缠他，直到他忍无可忍才会去报复。爸爸妈妈这时如果出面干预，往往是可怜的 10 岁孩子挨骂，因为他大嘛，这常常让 10 岁孩子觉得不公平。

不过 10 岁孩子跟 5 岁以下的小弟弟妹妹会相处得很好，他们很会照料小孩子，尤其喜欢读书给他们听，因为这些小家伙们往往"崇拜"我们 10 岁的孩子。

还有，10 岁孩子跟哥哥姐姐的相处，比过去更好，也比将来更好，除非等哥哥姐姐长到了看上去高大很多的 15 岁以后。哥哥姐姐有可能会带 10 岁孩子出去玩，不过他们多半觉得这个小尾巴蛮讨厌，尤其当小尾巴很聒噪的时候。

❖ 与朋友及同伴的关系

朋友，哦，朋友，10 岁孩子多喜欢有朋友！他们恨不能每天放学都带一个朋友回家来，尤其最喜欢放学后和街坊小孩一起玩耍。他们巴不得朋友一整天都有空跟他们玩儿。而且，围绕着朋友的话题简直没完没了，你简直要惊讶你的 10 岁孩子居然知道那么多有关他朋友的事情：从什么时候过生日到什么时候上床睡觉，到人家的爸爸妈妈是干什么的……10 岁孩子最喜欢的朋友，是一个他们信得过的朋友。

同性朋友

女孩子：大多数都有了自己最要好的朋友，而且常常是好几个。跟这些好朋友之间的感情纠葛非常复杂而且强烈：有很多的争吵、气恼、赌气不说话等。（"我们谁也不理谁。过一段时间，她会拿几个冰激凌甜筒来找我，然后我们就和好如初。"）

如果某个朋友跟别人（她不喜欢的人）有了交往，她会非常愤怒、嫉妒，甚至会吵起来（"如果我跟南希一起去玩，劳瑞尔会火冒三丈"），非常在乎和强调朋友必须是"属于"她的。

几个好朋友往往结成一个小团伙，而且非常排外，常常唆使某些女孩子去跟别人作对："走，我们去找人唱对台戏去。"

她非常重视自己的秘密，而且很在乎谁值得她信任："我能信得过她，她从来不告诉别人任何事情，再怎么生我的气她也不会说。"有少数几个孩子会跟我们提及朋友的性格特点（"我们非常相像，只有一点不一样：我特别爱读书，但是她特别讨厌读书"），但是，大多数女孩子更看重值不值得信任这一点。

不少夜晚几个好朋友还会在一起过夜。

男孩子： 有些 10 岁的小男生只有一两个"最好的"或者"最信得过"的朋友。也有些孩子有"一帮哥们儿"，而且在他心目中他们的地位是均等的："对我来说，不能说他们是我'最好的'朋友，但他们全都是我的朋友。"

男孩子之间"帮派"的流动性相当大，而且一个男生可能同时属于两个不同的"帮"。虽然他可能有很多朋友，不过玩的时候他还是更喜欢跟一个朋友一起玩。

朋友之间大多"相处得很好"。跟女孩子不一样，男孩子之间很少会相互生气、赌气、吵架，不过也会有两个人联手对付第三个人的情况。

在谈及自己的朋友时，男孩子往往会把对方的全名、年龄、住处都说出来，还要说到他们喜欢一起玩的游戏。有些人为了迎合朋友的喜好，以便大家可以继续一起玩下去，甚至会放下自己正在玩的游戏而加入朋友的。

他们在一起的主要活动包括：棒球、橄榄球、摔跤、电动火车、自行车出游、搭建帐篷或者简易棚、看电影以及电脑游戏。

异性朋友

女孩子：这个年龄的孩子，恐怕大多数都还"对男生不感兴趣"，而且还专跟男生"作对"："咳，我们不喜欢男孩子。他们有时候可坏了。"小姑娘纷纷"控告"男生揪她们的头发、追着她们跑、把她们推倒、动作粗鲁无礼，而且还喜欢在派对上乱扔食物。不过，也有些孩子说做梦的时候有男孩子出现。

有些女孩子可以跟男孩子一起玩，但是她本身对男孩子并不感兴趣："喜欢跟男生一起玩，不过仅此而已。"

可是，我们这一年龄组的孩子当中，仍然有大约⅓的小姑娘对男孩子（或者某一个男生）有了一定的个人兴趣："我跟着男孩子一起东玩西玩，也跟他们一起走回家。他们当中有几个人我挺喜欢的。""有一个男孩挺让我敬佩的，只不过他并不知道。""我喜欢两个男同学。他们也喜欢我。老师不在的时候我们一起到处玩。"

大多数人都认为，女生若亲男生，就太过分。

当我们问及她们是否已经有"男朋友"时，85% 的女孩子回答"还没有"。但是 54% 的女孩子说愿意有。60% 的女孩子表示，关于性以及"谈朋友"，她们已经获得了足够的知识。

男孩子： 大多数的 10 岁小男生，要么对女孩子毫不感兴趣，要么干脆讨厌她们："我不喜欢女孩子，就这么简单。一群搬弄是非的人。""我们挺讨厌女生的。""她们挺烦人的，动不动就生你的气。"但是，也有些男孩子偏偏喜欢"招惹"小姑娘。

有些人说他"曾经有过"女朋友，但是现在她喜欢了别人，所以他们"不稀罕在一起玩了"。有些人仍然允许女孩子跟他们一起打棒球，还有少数几个人跟女孩子玩得挺好，但仅仅是玩伴而已："我喜欢女孩子啊，可那叫喜欢，不叫爱。""最多只能说我喜欢她，仅此而已。而且我也没有告诉她。我对女孩子完全不感兴趣。"

开派对

这个年龄段的孩子中，很少有男孩女孩均邀请的派对。即使是男女生一起参加的派对，他们也只对游戏和食物感兴趣。男孩子和女孩子之间没有什么互动，只不过有些女孩子会告诉我们说，有些男生还开始戏弄她们。

　　我们这个年龄组的男孩子当中，有 20% 说他们在派对上"亲"了女孩子，或者跟女孩子"亲热"过了。除了在可能出现的"亲嘴游戏"之中的"亲"之外（其实许多 10 岁孩子对这个游戏很不感兴趣），我们觉得这 20% 的孩子可能更多的只是虚构吧。

7.活动与兴趣爱好：忙于各种玩耍

❖ 户外活动

玩耍是多数 10 岁孩子生活中最重要的内容，上学和日常作息都被看成了是对生活中更为重要的玩耍的打扰。他们快活地忙于各种各样的玩耍，而且他们现在已经有了大肌肉群运动所需要的技巧和耐力。一天之中似乎总有各种游戏等着他们去玩，街坊之中总有一块快乐场地吸引同龄孩子去扎堆。男孩子尤其喜欢结队打球，而且为了能够组成一定的阵容而乐意接纳可以参加他们球赛的女孩子。两个以上的孩子常常喜欢结伴骑车，如今他们技术也高体力也好，可以骑得更远，甚至有意选择不平整的路，好充分体验那种"颠簸的感觉"。

10 岁孩子也很喜欢滑梯、滑冰、旱冰、游泳、攀爬、划船，还有他们最喜欢的奔跑。有些 10 岁的小姑娘在学校里成了人人皆知的跑得最快的人。比赛谁跑得快、谁骑得快，都是很好玩儿的事情。

男孩和女孩的户外游戏大体上互不相扰。女孩子喜欢玩抓石子、跳房子、跳绳和滑旱冰。男孩子有的时候会跟她们一起玩，但如果可能的话，他们更愿意去钓鱼或者捉小动物。虽然不过是 10 岁的小姑娘，她们已经有能力组成她们自己的垒球队，和男孩子对拼。不论男孩女孩都喜欢骑马，而女孩子对骑马的热情远比男孩子炽热，一个小姑娘甚至告诉我们说："与其要一个小宝宝，我更愿意要一匹小马驹。"

小动物和小宠物得到几乎所有 10 岁孩子的深深喜爱，而且许多孩子已经显示出照顾小猫小狗的能力和兴致。不过，你还是无法指望他们彻底承担起照顾小动物的责任来。

10 岁的孩子已经开始察觉到自己的成长，感觉到自己的喜好开始走向成熟，并且愿意放下前些日子还感兴趣的孩子气的游戏。这种转变简直就在一转眼之间，孩子往往因此而得意洋洋，"那些小男孩（9 岁孩子）什么时候才能玩够枪啊？"呵呵，他自己的妈妈 6 个月前也曾经这样腹诽过他啊。女孩子也一样，前一段时间还成天喜欢布娃娃，现在却认为那是"小不点儿"的游戏。

不过呢，仍然会有些男孩继续玩他们的枪，扮演西部牛仔或某些目前流行的枪战游戏。也仍然会有些女孩虽然不再喜欢玩小纸人儿，但还是喜欢用玩具娃娃玩过家家，给娃娃们换衣服，用纸娃娃来模拟她们自己 10 岁生活中的真实经历。

❖ 室内活动

尽管室内活动的乐趣常常排在户外活动的后面，不过 10 岁孩子也可以让自己在屋里玩得开开心心，尤其是有朋友一起玩的时候。男孩女孩可以在一起玩些常规的桌上游戏。各种各样的收集占据了孩子们相当多的时间和精力，几乎任何东西都可以成为他们的收藏品，每个孩子都有相当数量的宝贝。问起 10 岁孩子有没有什么收集，我们曾听到一个女孩子这么大声说："什么？我有没有收集？哈！我有邮票、明信片、书、马蹄铁，好多稀奇的东西。"除了这些说到了的东西以外，10 岁孩子还可能收集硬币、贝壳、故事人偶、瓷塑动物、盒子（10 岁孩子喜欢盒子）、石头、石头的图片、鸟巢、蛇皮、飞机模型、小士兵等等，甚至各种糖纸。大部分孩子的收集并不具有选择性，因为他们也还没有到分门别类做整理和陈列的年龄，他们只在乎多多益善。

女孩子忙着做编剧、换衣服、上演她们自己的剧目。有些女孩子会做缝纫，大多是给她们的"娃娃"做，偶尔也给自己做。少数小姑娘还会织毛线活儿。

有些手指灵巧的男孩子喜欢画些小装置图、建筑构图、喷气式飞机还有火箭。还有些男孩子会画些复杂的战场、打斗，或者火车、汽车的图画，后面还要跟上他们的解说词。他们还喜欢动手制作模型飞机、战舰、飞船，或者用木工工具做些小东西。男孩子在车库里或工具房里有他们自己放各种工具的地方。如果他们喜欢用各种化学混合反应玩些小爆炸的话，那么他们还需要一个地方放他们的化学实验用具。

❖ 俱乐部和露营活动

各种"俱乐部"十分盛行。在所有的年龄段中，10岁的孩子最乐意响应并加入某个小组的活动。他们不但是充满激情的童子军，也喜欢组织他们自己的各种秘密俱乐部、神秘俱乐部。这样的小俱乐部对会员的要求还蛮高，比如一个男孩的俱乐部的格言是"不许生闷气"，女孩的俱乐部则是"意愿就是力量""共渡难关"。不过呢，他们的俱乐部的放行暗号却有可能是"土豆"。

但是，这些俱乐部的流动性很大，今天还在这里明天就不见了，有些甚至还没有筹备好就无声无息了。他们可能打算借用某个小木屋或者小树屋作为聚会场所，可是往往半途而废。

至于夏令营，孩子们的喜好不一。不论是什么活动内容，我们都应该考虑孩子自己的喜好。

❖ 阅读

读书活动，和电视以及收音机一样，也是孩子乐趣之一，而且喜欢的孩子比不喜欢的多。小书迷们有的 7 岁就开始痴迷读书，但是，不喜欢读书的，除了必须完成的任务以外，从来不肯多读一个字。

除了小马和小狗的故事，以及"过程悲惨但有美好结局的故事"之外，10 岁孩子还喜欢名人传记、探险、侦探故事。有些孩子只愿意读他们自己年龄自己时代的故事；有些孩子喜欢读名人的成长经历。历史故事也很有趣，不过有时候和探险故事比起来还是有些乏味。

报纸仍然不受孩子青睐。他们也许会拿起来看看大标题，翻翻事故或战争的照片。不过连环画版他们倒是会跟踪阅读。漫画书渐渐地抓不住 10 岁孩子的心了，这让许多家长倍感欣慰。

❖ 需要久坐的视听活动

在 10 岁孩子偏于多动的生活中，也会有安静的时候。这个时期的孩子很幸运地能够接触到可以提供各种娱乐、信息和激发孩子思维的媒体：电视、收音机、书籍、电影。孩子们对这些媒体的偏爱的顺序往往也就是这样的顺序，只不过他们往往不认为自己会喜欢这些媒体，而觉得他们更偏爱户外活动。

电视太有魅力了。有些女孩子一星期能看上 40 到 50 小时，尽管要她们自己来说的话，50% 的孩子会说成 20 小时甚至更少。不过总的来说，对电视的着魔程度比起 9 岁的时候要稍稍好一些，一个妈妈说"不再要他的命了"；另一个妈妈说"他渐渐地淡了，谢天谢地！"

卡通片和幽默片是很受欢迎的节目。有些孩子知道如果他们看惊险故事则会夜里做噩梦，所以他们会有意避开。养病的时候，他们很明显地更喜欢看些连续剧和智力竞赛，有时候会看上一整天。

让人十分意外的是，10 岁孩子竟然对看电影不是那么太感兴趣了。他们不太在乎演的是什么内容，而且如果不是他们认为的真正的好电影，他们都不想去电影院，实际上大多数 10 岁孩子都很少光顾那里。动画片、西部片、家庭喜剧、滑稽剧都是受他们欢迎的类型，侦探剧也越来越多地受到他们的欢迎。

❖ 吸烟、喝酒、吸毒

吸烟：不过是 10 岁的孩子，竟然有 52% 的女生和 54% 的男生承认，他们认识的"有些孩子"吸烟。这一行为有可能仅仅停留在好奇的阶段，但显然已经出现了。

喝酒：有些孩子觉得只要成年人不酗酒，喝一点酒没什么关系，可也有些孩子会指责批评任何喝酒的成年人。但是，与此同时，大约有 ⅓ 的 10 岁孩子声称，他们认识的一些同龄人中有人喝酒。我们访谈过的一个男孩子在回答关于吸烟与喝酒的问题时，抗议道："我才只有 10 岁！"

吸毒：我们访谈过的这一年龄组的孩子当中，只有少数人（12%）表示他们认识的"有些孩子"有可能用过毒品。我们认为，访谈中这些少数孩子声称同龄人中有人可能用了毒品，并不见得就表示这个年龄的孩子实际上已经开始吸毒。在这些"声称"的孩子当中，81%的女生和90%的男生说不出来可能用到了多大剂量，66%的女生以及90%的男生说不出来他们的朋友可能用了什么毒品。

超出一半的人（53%的女生、59%的男生）说他们没有朋友或者同学有人因为吸毒或者喝酒而招惹麻烦。28%的女生以及32%的男生说他们不知道，只有15%的女生以及12%的男生声称他们认识的人当中有人陷入了喝酒或者吸毒的泥潭之中。

8. 学校生活：喜欢上学，喜欢受到他人关注

给予机会的话，10岁孩子会真的很喜欢上学。男孩女孩都喜欢老师，喜欢学习。不过，与其说他们喜欢别人给他们上课，还不如说他们喜欢别人能始终让他们感兴趣、有劲头。你免不了会听到一个小姑娘这么对她的老师说："妈呀，我怎么从你那里学了那么多东西啊！"男孩女孩都不愿意错过任何一堂课，因为他们觉得上课学的东西是如此之多，以至于假如错过了一堂课，就"可能赶不上进度"了。

尽管他们不是处在以老师为中心的年龄，但是老师仍然占据重要地位。10岁孩子通常都很尊重他们的老师，老师的话往往是圣旨，甚至比父母的话还管用。他们对老师的外形

一清二楚，可以清晰地告诉我们老师的块头有多大、长什么样、头发什么颜色。女孩子经常会夸赞女老师，说她的头发梳得很漂亮。他们不喜欢偏心的老师，他们要老师喜欢每一个孩子，和每一个孩子交朋友。他们还喜欢由老师来安排一天的时间和活动，如果到时候忘了，孩子们会赶紧提醒老师。他们喜欢以讲故事来开始每一天的课程，而不是墨守成规。

10 岁的孩子不但喜欢听故事，而且还喜欢讲他们自己听到的、看到的、读到的轶闻趣事。男孩也好女孩也好，都有本事不停地说，甚至能把话题"扯到天边儿去"（一个妈妈的置评）。侃大山无疑是 10 岁孩子最喜欢的事情。

他们专心的时间一般都比较短，需要一定的自由度，可以在教室里东晃晃西逛逛，不过他们能安安静静地晃悠。比方说他们也许起身是去削削铅笔，然后走到另一个孩子身边，或干脆到学校图书馆去。这些小小的短途旅行他们都能把握得蛮好，不需要老师的指点。学生们会相互传递纸条，尤其是女孩子之间。这些纸条多是关于课堂作业的问题，或者商量课间休息时做些什么。

10 岁孩子对课程往往能应付自如，不过也有些特别的偏好。他们很喜欢地理，也许能知道 50 个州、州府，非常喜欢在地图上摆放州名、河流、山峦、城市等地标。

他们很喜欢听写，虽然字迹往往比较潦草，许多孩子都没有了他们 9 岁时细致的横平竖直。10 岁孩子写读书笔记时，喜欢把他们的想法糅合进一些短而乱的句子里，却往往又能抓得住读者的兴趣。

对了，这个年龄的孩子，甭提多喜欢背诵了！男孩和女孩都善于背诵诸如《保罗·里维尔骑马来》这类长诗，而且还能背诵得声情并茂。他们是这么的喜欢背诵，以至于他们更喜欢把时间用在记诵上面，最好内容上没有需要深入思考的东西。若要让他们把两种事物糅合到一起、关联到一块儿，他们会有些费劲儿，所以他们更喜欢简单的平铺直叙。不过呢，这时背诵下来的东西，在他们将来走进深度思考时会很有用处。

到 5 年级快结束时，10 岁孩子们会越来越喜欢向口算挑战。他们对口算很有信心，喜欢玩那些长长的、成串的混合口算题目（5+6-2+3×5=？），而且往往一气呵成，步步紧逼。他们这时还喜欢各种音像类的东西，是学习电脑和电视教学的最佳年龄。他们听得看得都很仔细，而且很愿意讨论。有时候在小组讨论中，他们的好奇心是如此强烈，听得又是如此明白，和一个人闷头学习比起来，10 岁孩子的兴致能提高一大截。

因为 10 岁的孩子需要多活动活动他们浑身的肌肉，孩子们需要相当充足的户外活动或者健身的时间。男孩子更喜欢有组织的体育活动。

　　因为 10 岁孩子的专心时间偏短，一个老师需要好好安排时间，尤其是在那些更需要长时间坐着的课程中穿插变换。唱歌往往是很受欢迎的"穿插"活动，他们喜欢唱歌，而且喜欢大家一起唱。但是别让男孩子们唱些"娘娘腔"的歌。对这类歌曲的排斥，往往标志着这些男孩子已经越来越觉察到了他们的男子汉气概。

9.道德意识：恪守原则

　　不少家长告诉我们说，他们 10 岁孩子的道德意识相当强。如果一个小孩子被推来推去，10 岁孩子会予以关注。如果他们觉得不该获得什么荣誉，会主动推辞。一半以上的 10 岁孩子表示他们能明辨是非，尽管他们自己会说"我也不是那么热衷于此啦"。这些是非观念，他们大多表示来自妈妈或是星期天的主日误，还有，凭着他们自己的良心。他会说："假如你要砍倒一棵树，而这时周围有不少人，那么你应该先用锯子，而不该用斧头砍。"

　　尽管 10 岁孩子会像他们自己说的那样，很有道德观念，不过落实到生活之中，他们又不见得总是能够达到他们的标准。总体上来说他们是诚实的人，尤其面对大事情的时候。

但还是会在真正的诚实和撒谎之间来回摇摆，有时候也会找些借口或予以回避。还有，他们认为一些善意的小谎言没关系，那样可以给别人留面子，还可以达到他们的目的。不过，妈妈在场的时候，而且如果母子关系很不错的话，10 岁孩子往往会说实话。尤其是当只有妈妈一个人在场的时候，当然了，事情过去了一阵子之后，就容易说实话了。

至于说到要虚心接受批评，那可不容易做到。他们还是会责怪妈妈，不过比以前要好很多。但是如果旁边有兄弟姐妹的话，那么怪罪到他们头上，则是很自然的结果了。

10 岁孩子十分在乎公平，尤其格外在意父母对待他和他的兄弟姐妹是否公平。他们往往是乖顺的孩子，至少大部分时间如此。但是一旦他们觉得某些要求不公平，他们会站出来和父母争辩。当然有些时候，什么是公平、什么是孩子想要的，这个界限不是很分明。幸运的是，10 岁孩子把"欺骗"和"偷窃"看作是"很坏"的事情，所以他们极少会有这些行为。

这个年龄的孩子对咒骂已经相当有自己的看法，他们认为父母骂人是"很坏"的事情。另一方面，他们对父母喝酒的态度也能宽容一些，只要父母不是喝得太多，他们一般不会去阻止。（只有少数对此非常苛刻的孩子，对我们宣称说他们的父母甭想在家喝酒。不过，这话其实大多情况下无法兑现。）

　　不论是男孩还是女孩，大约有 ¾ 的孩子认为，我们这个社会在种族融合方面做得不错。不到一半的孩子认为我们的政治家们不够诚实，大约一半的孩子说他们长大以后会为改善社会现状尽些义务。

Chapter **3**

11 岁孩子的
成长与发育状况

　　他 11 岁了，怎么比 10 岁的时候还让人费心呢？他开始变得执拗、不听话了，还总是喜欢跟人对着干。这让父母们很是烦恼。不过好在他们的身体状况越来越好，就是动起来就闲不下来，精力太过充沛了。他们还不善于做家务，因而总为此和妈妈闹不愉快。11岁的他对学校生活充满热情，对老师也有了自己的"要求"。总体来讲，11 岁的少年开始逐步摆脱儿童的影子，进入成人的世界。

1. 成熟状况：时刻处于动态的年龄

典型的 11 岁少年，噢，和友善的 10 岁孩子比起来，这是多么大的一个转变！想当年你可心的 5 岁孩子走入 6 岁时，他就发现反对比认同更容易、抗拒比合作更容易。而现在，仿佛一切再现，和顺的 10 岁少年变成了棘手的 11 岁少年，行为举止变得跟几个月以前几乎截然相反。尽管他还没有正式进入青春期，11 岁的孩子却已经常显现出青春期的端倪。

也许这两个词最能概括他的特点：自我中心，精力充沛。他没完没了地忙乎——吃啊，聊啊，不停地捣鼓。你简直就没法让他坐下来安静片刻，11 岁的少年仿佛永远都在动态之中。

而且他的以自我为中心在这个年龄似乎达到了一个登峰

造极的境界。哪怕他稍微肯合作一点点，做出一些最为轻微的让步，就可以让别人的日子好过很多，可是，他却绝对不肯。他永远以磨磨蹭蹭来回应任何要求，但是与此同时，又对别人的批评出奇快地做出反应。如果妈妈的表现不能让他们满意，那么不论男孩还是女孩都不会轻饶："哪有一个像样的妈妈会做这样的事情！"

他们宽以律己、严以待人，对妈妈的要求尤其苛刻："你骗人！你骗人！"他会这么尖叫，"你要我说实话，可你自己却撒谎！"（如果妈妈的言行跟平常相比哪怕有略微一点点的偏离，就会是这样的结果。）

想要让他帮忙做家务？还是打住吧！假如妈妈开着她装得满满的小货车驶进院子，我们典型的 11 岁少年会立即声明："别指望我啊！我才不会帮你！"一位妈妈对我们说："孩子做了多少年的那些家务活儿，现在都得由我自己来做了。"

另一位妈妈更直截了当，"你最好当你是在经营一家旅店。你要提供所有膳食和服务，而且别指望能有任何回报。"

我们有一个相当典型的 11 岁女孩儿，坚信她是被领养的。她妈妈建议她看看她爸爸的样子，再看看她妈妈的样子，是否真的长得很像。"好吧，"这小姑娘说，"我也许是你们亲生的。但是假如你真的领养过孩子，你也肯定不会想领养我。"

是啊，11岁的孩子和10岁少年相比，太不一样了。那么，面对如此天翻地覆的、如此糟糕的变化，做父母的是不是就该惶惶不可终日呢？其实，完全没必要。但凡是有阅历的父母都明白，孩子的主要任务之一，就是变得越来越强壮、越来越独立。要做到这一点，孩子必须从父母的怀抱里挣脱出来，哪怕仅仅是一定程度的自由。如果一个当妈妈的记忆力挺好的话，那么她应该想得起来，在孩子过去的成长过程中，这样的叛逆现象她见识过不止一次，虽然也许没有现在这么厉害。

　　她应当还记得，当初那两岁的可爱小宝宝长到两岁半时，忽然180度大转弯，变成了一个"可怕"的孩子，随便妈妈给他什么，他都偏要相反的东西，而且"不"字成了他使用频率最高的词。

　　她还应当记得，就在不久之前，她的温顺的、十分讨人欢心的5岁孩子，长到了6岁时，也曾经一度变成了一个简直让人没法忍受的小刺儿头。他最喜欢说的一句话就是"我不干！"6岁的日子里充满了哭闹和撒野。但凡爸爸妈妈想要管教一下这个小泼皮，"我恨你"会是最常听到的反击词。

　　任何年龄的孩子，在走过一段身心平衡的和顺期之后，往往需要接着经历一段相当不和顺的失调期，这看来的确是一条自然规律。而 11 岁孩子所处的典型的失调期，恰恰是对此最充分的证明。站在孩子的角度上看，我们应该把这些不恰当的行为理解为只不过是因为孩子经验和能力尚且不足。因为，随着孩子自身成长带来的改变，他必须调整自我与他人之间的关系，这使得他必须面对一个全新的环境。他与兄弟姐妹的争执、他对父母的叛逆、他对强加于他的任务和礼节的抗拒，其实都是孩子进入青春期之前的自我确认和自我关注的重要表现。

一个 11 岁的孩子最喜欢和他的妈妈过不去，稍微有点什么事儿，就去找她的碴儿。这非常不幸，但对 11 岁少年来说，这却是再自然不过的事情，因为妈妈是他生活中最为重要的中心人物。爸爸很容易就能看到 11 岁孩子和妈妈又拧上了，可是如果他忍不住来上这么一句："你俩又怎么啦？"那么，这无疑是火上浇油。

娘儿俩实在很容易"拧上劲儿"。不论你多么了解孩子，多么爱孩子，多么珍惜成长中的不同变化，可是，要面对这么一个处处找茬儿的 11 岁刺儿头，做妈妈的也仍然太难以把持得住自己的平静。"你等等，"有个妈妈这么对她的丫头说，"等我喝了这杯咖啡，你再来责怪我好吧，我这一天就都交给你了。"在我们与妈妈们的交谈之中，"抗拒"和"叛逆"这两个词，是她们讲述最难相处的 11 岁孩子时使用频率最高的词。

对妈妈的抨击，以及对妈妈的规则的挑战和抗拒，都清晰地彰显出这个年龄的孩子更善于反叛而非响应。随着他逐渐成熟，他慢慢会更好地协调反叛与响应之间的平衡，只是，在目前这个成长阶段，他更倾向于以挑战性的抗拒，把对方激出一定的反应来，让他可以势均力敌地跟对方作对。但是，这并非孩子处心积虑的恶意行为，而仅仅是他在成长的过程之中，借此来界定自己以及周围的人而已。只不过孩子往往手法笨拙。

那么，针对一个典型的 11 岁孩子，我们能说出一些他们的好处来吗？能。如果我们能够把眼界抬得稍为高一点，别老盯在孩子跟妈妈的几乎是彻头彻尾的唱反调上，那么我们就会发现，孩子的好处其实多着呢。别的不说，就说吃这一条好了。11 岁的少年就好像肚子里有个无底洞，能一天到晚不停地吃，这会让多少为孩子"从来不肯吃一小口"而发愁的父母笑逐颜开啊。

11 岁的孩子另一个非常可爱的特征就是，一旦他走出家门就变成了一个彬彬有礼、乐于助人、开朗外向的孩子。我们常常建议，所有的父母最好都能把自己的 11 岁孩子相互交换一下，易子而教。这不全算是玩笑话，那样的话，大家的日子都会好过得多了。

尽管这个年龄的孩子大多会在家里惹出许多麻烦来，可他们仍然很喜欢家庭生活。他们也许嘴上会说，"我是一个自由人，我干吗要你来告诉我做什么呢？"可他们又偏偏喜欢跟家人一起做各种事情。你很可能会听见小女儿夸奖你这个妈妈："你今年可真不赖啊，妈妈，你可真活跃。"

老师可能会告诉你，孩子没有去年那么听话。不过，绝对不至于像在家里那么差劲儿。他们在学校里的确会惹些麻烦，但是他们仍然很在乎他们在班级里的排名，努力争取好成绩，而且一旦做得不错的话，他们会很为自己高兴。尽管11 岁孩子也许会对你说他讨厌学校，但实际上不论男孩还是女孩，在学校里的表现都相当好。

11 岁的孩子喜欢跟你争，但是，正如一个妈妈说的，"那是单行道，你可千万别跟孩子犟下去！"

情绪方面，11 岁少年基本上不会给你什么好果子吃，尽管大多数这个年龄的孩子好像并不太知道他们有多么能给你气受。你家小姑娘在刚刚发了一顿典型的11 岁脾气之后，很有可能一脸无辜地问你，"你什么意思啊？我怎么'乱发脾气'啦？"

不过，他们自己倒也承认，真生气了的时候，他们会"狂风暴雨""神经短路""怒发冲冠"。手脚上的野蛮比10岁时有过之而无不及，更重要的是他们还更容易生气。11岁的孩子打、擂、踢都能使出来，还有摔门。打嘴仗也很平常，他们不但会吼叫、谩骂、犟嘴，更会对你冷嘲热讽。

　　幸运的是，孩子情绪来得快去得也快，天空并非总是一片黑暗。11岁的孩子也会瞬间爆发出开怀大笑，跟他发脾气时一样迅速。实际上，11岁的孩子连身体都真的冷热骤变，一会儿觉得热得不行，转眼又觉得冷得厉害。他的身体和他的情绪一样，在冷热两个极端之间来回折腾。

　　这时你不再能听得到10岁孩子面面俱到地说"有时候我这样，有时候不行"了。11岁少年的说法是他们要么喜欢，要么讨厌，而且他们也承认，讨厌的东西要更多些。他们对生活的态度，也许需要再过上一年，才能再次回到相对平和的状态。

　　11岁孩子的幽默感比起10岁的时候稍好一些。不过，他的俏皮话听起来太像骂人，所以常常不招人待见。但是有时候他的俏皮话，尤其是骂同学的俏皮话，还真往往让人莞尔："你只喷字儿，别喷唾沫星儿，行不？"

　　尽管11岁孩子对别人的动辄指责抨击让人没法儿消受，

可是这个年龄以自我为中心，又使得他们对自己往往感到满意。他们会对你说，"我总是很快乐""我是个相当快乐的人"。也就是说，虽然他们常常把妈妈弄得十分苦恼，可这并不干扰他们享受自己的生活。

他们真的很会享受生活，对周围的一切都很感兴趣，以至于不少人很善于说长道短。在采访这些 11 岁孩子的时候，面对我们这些研究人员，他们滔滔不绝的应答，远远超出了我们提出问题的范围，家里的什么事情都能翻出来说。有一个 11 岁孩子的老师干脆这么说："等我教完了这一班，我就不用再继续教书了，单靠敲诈勒索就能生活了。"

11 岁少年往往不经意之间告诉你，"我爸跟我妈说，'你太能挥霍钱了！'""早饭的时候我们一边尖叫一边吃，其实我们光顾着叫了，没怎么吃。"

11 岁的孩子总也停不下来，十分活跃，什么都想去掺和，这既是好事也不是什么好事。哪怕他坐在那里，也要不停地拧啊，转啊的，手脚没个停歇。随便他做个什么动作，他都似乎有用不完的精力和热情，而且他还总有许多事情可做。在户外，他们喜欢玩几乎所有牵扯到身体活动的游戏，而且是越剧烈他们越喜欢。男孩女孩都这样，而且女孩子能爱马如命，甚至不少小姑娘因此而决定长大了要做一名兽医。

室内活动中，11 岁孩子喜欢收集各种他们心仪的小东西：石子、邮票、明信片、瓷质或木质的小动物、小盒子、迷你小汽车、棒球赛门票等等。他们也喜欢玩扑克、棋盘游戏、拼图等等。秘密俱乐部、男孩童子军、女孩童子军、女孩篝火营、女孩彩虹营、少年四建营等等活动，都能给孩子们带来极大的乐趣。11 岁的孩子才不会朝你嚷嚷"没事儿可做，太无聊了"呢，相反，他们总有可做的事儿。

　　友情，在孩子成长的岁月中，一向都占据着重要地位。有的 11 岁孩子可能有一两个最好的朋友，有的则可能有一大群朋友。女孩子和前一段时间一样，倾向于和朋友们维持更为紧密的关系，而且不断地好了又恼，恼了又好。男孩子间的争吵也比前段时间有所增加。

　　绝大多数这个年龄的孩子还没到喜欢异性的时候，尽管有些孩子会说"我们女生每个人都有个稍微喜欢点儿的人""我们男生不介意有女生，但是我们不跟她们玩，除非没办法的时候"。

　　虽说如此，当我们问及有没有男朋友或者女朋友人选的时候，有些孩子还是会一边否认一边露出一丝微笑，这告诉我们异性间的吸引大概不会太远了。实际上，虽然他们做了那么多否认，可是仍然有一半以上的 11 岁少年在回答我们这类问题时，说他们愿意开始交往。

说到将来的计划，我们访谈过的 89% 的女孩子、72% 的男孩子表示，他们以后打算结婚，而且打算要孩子。对这些孩子来说，家庭的稳定结构看来能够给他们带来安全感。

我们一半以上的 11 岁孩子承认（或者声称）自己或朋友吸烟。大约 ¼ 的人声称自己或朋友偶尔喝点儿酒或者用一点毒品。（我们希望提供这个数据的孩子有一定程度的夸张吧。）

一个处于最佳状态的 11 岁孩子，仍然是很讨人喜欢的人。他敏锐而开朗，充满想象力和活力，随时能够投入到任何事情之中去。但是，这个年龄的孩子最根本的特征，仍然是喜欢拧着来，包括跟妈妈作对、跟朋友吵架，而且他极其以自我为中心。这些问题往往能让许多父母感到十分失败。

万幸的是在成长过程中，一个不和顺的阶段结束之后，往往随之而来的是一个和顺的阶段。11 岁之后的 12 岁孩子，毫无疑问往往是一个各方面都让人感觉舒服得多的孩子。

11 岁孩子的父母也许可以考虑"距离对策"，也就是说，通过用给孩子换个地方的方法来缓解矛盾，让大家都喘口气儿。比如说，把孩子送到夏令营、寄宿学校，或者让孩子到爷爷奶奶家住上一段日子。诚然，这种回避式的做法不见得能解决所有问题，不过，亲子间短暂的分离往往也不失为一个可行的明智之举。大多数 11 岁孩子一旦走出家门就成了"好孩子"，父母之外的成年人常常会觉得他其实挺好相处。因此，我们不妨借用这个方式，既让你能有机会喘口气儿，又能让别人有机会享受到你家 11 岁孩子带给他的快乐。

实在不行的话，你也可以像成千上万的其他家长做过的那样，尽量地放一放手吧。别那么时时处处都要孩子听从你的指挥，你姑且放手让孩子自己走上几个月，他不会就此而变了本性。别再要求他一定要完成分内的家务劳动，也别再强迫他们一定把作业一点不剩地全都完成。

去吧，去好好享受孩子此时洋溢的热情，享受他们充沛的精力，享受他们去冒险的热望，也尽你最大的努力，去理解孩子有意无意扔给你的麻烦，你要尽量把这些麻烦都看成是孩子这个年龄段的自然天性。

2. 人体机能体系：处于不稳定状态

　　11 岁孩子的内在变化非常明显，单从他浑身需要动个不停、需要消耗大量的精力这一点来看，就能看得一清二楚。要和这样的孩子相处，很是不易。尽管有些孩子仍然保持着 10 岁时的泰然自若，但很明显这完全不是 11 岁孩子的主流形象。他更情愿不停地喷发他的能量，像个弹簧一样地蹦来蹦去。如果你想要以任何形式限制他的行动，比如让他坐下来接受我们的采访，那他肯定来回动个不停，能把你看得头昏脑涨。男孩也好，女孩也好，都会在椅子上来回折腾，上下左右前后不停晃动。要么他的身子整个探过来，要么胳膊四处舞动，脑袋也动个不停，手就更没个消停了，如果手边有一支笔或者一个眼镜盒，那么他的手肯定没法闲下来。

就好像他在不停地成长似的，他不断地变换姿势，或站，或抻，或躺，一会儿在椅子上一会在沙发上，腿自然不会比胳膊清闲，两只膝盖开开合合，脚指头上还要挑着鞋子或者袜子荡来荡去。

脸上的肌肉也跟他全身的肌肉一样不消停，面部表情不断变幻。他眼光瞟来瞟去，眼睫眨来眨去，眉毛跳来跳去，忽然又盯着正在和他说话的你，嘴唇和舌头也进进出出，左左右右不停地活动。

❖ 健康

11 岁孩子的健康状况相当不错，不过感冒、耳朵发炎之类的小毛病还是有上升的趋势，甚至还可能感染肺炎。和他 5 岁半到 6 岁的阶段一样，孩子比较容易患上各种感染性炎症，比如中耳炎、肺炎，甚至是腮腺炎、脑膜炎等，这是这个年龄段的一个特征。

11 岁孩子的整个身体也不太稳定。他会突然因为热不可耐而把大衣甩掉。若是太过用力或者太过激动，体质偏于敏感的孩子有可能患上哮喘。孩子常常嚷嚷太累了，有些孩子的睡眠时间因此有可能明显增加。还有，孩子也会常常嚷嚷脚疼。

大多数 11 岁孩子身体上的不舒服往往会是真的，尤其孩子嚷嚷头疼、眼睛疼、抽筋疼之类的，这时服用泰诺林常常就能解决问题。但是，也有些 11 岁孩子可能会患上"疑病症"，稍微有一点儿感冒的苗头，或者稍微受了一点儿伤，就赶紧躺到床上；若是听见别的孩子生了什么病，他也会跟着出现类似的病状。

❖ 紧张情绪的宣泄

由于孩子的身体活动大大增加，这个年龄的情绪宣泄也往往与此相关。他们可能比平常更频繁地眨眼睛、打喷嚏、脸部不由自主地抽动。有时候孩子意识到什么问题时，他也会不由自主地流露出怪异的表情。还有，孩子可能像"变小了"一样，比如更容易摔倒、掉东西、不小心把东西弄坏等等。

❖ 视力

11 岁孩子的视觉形象有了蛮大的变化，孩子自己都可以意识到。他能知道自己的视力模糊了，尤其是长时间读书以后。他可能常常告诉你，他的眼睛从近物移向远景时，会觉得头疼、眼花。

他的视觉体系整体上会放松下来，同时聚焦能力进一步提高。和 9 岁与 10 岁时相比，孩子出现近视的危险性有所减少。

11 岁孩子的用眼协调、双眼联用、深度判断、视觉判断等技能已经发育得相当好。比较容易出现错觉的视力问题有可能是看"近在眼前"的东西所产生的。这时孩子的眼睛会不稳定地来回晃动，聚焦散乱，还可能出现单眼压力，对深度的视觉判断也有所减弱。一旦出现这些问题，孩子会比以前更主动地告诉你。

针对聚焦困难和视力模糊，医生往往建议孩子借助隐形眼镜来看近物。11 岁孩子不愿意一天到晚都戴着眼镜，觉得那很"讨厌"，不过有可能愿意借助眼镜看近物。视力训练对 11 岁的孩子也许会有帮助，不过这个年龄的孩子往往不见得会主动配合。

❖ 女孩生理发育及性意识

和那些身体发育几乎整齐划一的 11 岁男孩相反，女孩子的身体发育显得相当的参差不齐。性的发育也和身体发育差不多，呈现出两个极端。有些女孩几乎完全没有性发育的征兆，仍然保持着小孩童的体貌。而少数身体发育较快的女孩则已经显现出圆润的轮廓，生理功能也已经完全属于青春期了。

处于这两个极端之间的女孩，发育状况倒显得挺一致。到了 11 岁后期，徐了少数人之外，绝大多数女孩耻骨上都会长出些许阴毛。盆骨部位开始张开，包括后面的骨架以及骨架上面的组织结构。盆骨的上下四个角从外面都可以看得出来，再加上中间的空腔和上面细窄的腰，这使得许多女孩子显露出女性典型的"花瓶状"的腰身来。

很大一部分女孩子这时候进入身高增长的高峰期，大约 ⅓ 的人处在这个高峰期的顶端。她们的平均身高已经达到各自成年高度的 80%，体重也增长到她将来 21 岁时的一半。

乳房部位继续发育，乳头周围向外突出，在原来平坦的胸脯上形成一个圆锥体，一个乳房比另一个长得偏快些的现象很常见。即便是乳房长大不明显的女孩，她的胸部也往往比以前饱满柔软了很多。

小姑娘们对这些发育相当感兴趣，不光对她们自己，也对她们的同龄人非常关注。她们注意到乳房变得敏感起来，尤其是乳头部位常常会觉得疼痛。她们观察自己胸部的成长，对于自己一边长得比另一边"快"相当在意。不少女孩子渴望乳房快点儿长，好让她们早日戴上胸罩。那些胸脯平平的女孩有可能因为羡慕别人长得快而感到伤心。

从11岁半到12岁之间的这一阶段，女孩不再喜欢穿紧身衣衫，而改穿宽松衣衫，不用多久她就会戴上令人垂涎的文胸。不过，并非所有的女孩都为自己的发育感到自豪，我们也看到有些小姑娘为此感到尴尬，往往弓着个肩膀企图遮掩她无可逃避的发育。当然，大多数这样的孩子在经历了最初的尴尬之后，都能够放得下这份难为情。少数女孩这时长出的腋毛，也会令她们十分难堪。

月经方面的知识她们比以前懂得更多了，也许等得有些迫不及待了吧。11岁的小姑娘中尽管也有人懒得去想月经的事情，但总的来说她们比10岁时更盼望月经的来临，她们想要知道该如何使用卫生巾和卫生棉条。只有占很少比例的孩子会在11岁的时候开始月经来潮；不过，11岁的小姑娘们有可能出现短暂的经前期预兆，比如早晨起来忽然感到腹部刺痛或者恶心。

和男孩子相反，女孩子这时对黄色故事以及看小动物交配不感兴趣。但是，她们对人的性交倒是挺感兴趣，只不过在妈妈面前她们对这类话题越来越缄默了。

我们采访过的57%的女孩认为，她们已经对性有了足够的了解。

❖ 男孩生理发育及性意识

男孩的身体发育，与女孩的参差不齐相比，显得相当的整齐划一，很少有人显露出性的发育特征来。11 岁男孩子中只有很少数处于发育最前沿的孩子会开始出现性的发育。大约有 ¼ 的男孩进入他们身高加速成长的阶段，虽然大部分孩子身量的拔高还不是特别抢眼，但是，11 岁男孩的平均身高仍然已经略微超过各自成年高度的 80%，体重也将近增长到他将来 21 岁时的一半。

有些男孩显然进入了"长胖期"，身体堆积出一些脂肪来，有点儿像是"充了气"。堆积在臀部和胸部的脂肪，尤其是胸部，会令一些男孩相当难为情。他们因此避免穿比较紧身的衣服，而用宽宽大大的衣衫来遮掩。游泳的时候，他们会摆出很不自然的姿势，比如故意向前向上伸展胳膊，借此来掩饰他们的胸部。

一个 11 岁男孩非常明显的外观变化，是他们骨骼的增长，哪怕那些最"敦厚"的男孩身上也看得出来。这不是什么"形销骨立"式的骨感增长，而是一种显得相当厚实的骨骼增长。即使骨骼上面覆盖的各种肌体组织遮掩了骨头的棱角，你仍然能够感受到肌体之中骨骼轮廓的增长。这种变化在孩子的胸部尤其明显，他的肩膀、肩胛骨、锁骨，还有整个胸腔的骨骼，看上去都比他 10 岁的时候粗壮了不少。

成长发育走在最前面的大约占总数 ¼ 的 11 岁男孩，他们的生殖器发育得比以前更快。有些人耻骨附近开始长出茸茸的细毛，极少数的孩子则已经有了长而直的阴毛。

11 岁男孩对性的关注比 10 岁时要多一些，不过他们有关性的知识大多来自于其他男孩子。他们对各种各样的情色刺激开始感兴趣，包括书籍、图片、谈话、玩笑（往往是关于禁忌的话题），大多数小男生已经有过某种手淫的体验。

有些男孩终于注意到女孩子的女孩子气。他们开始关注女孩子的身形，而且有可能告诉你，"瞧她们怎么说话呢，她们一边说一边扭屁股！"他们不但愿意搭理漂亮女孩子了，而且还会注意到女孩子有时候不上游泳课，并为此感到好奇。少数几个男孩子已经知道女孩有月经，而且对卫生巾、卫生棉条有了好奇心。

有些男孩对其他长得不那么男孩子气的男孩感到奇怪，比如比较瘦弱的、发育相对慢一些的小男生，或者长得相对胖一些、臀部比较宽大的男孩。这些孩子有时候会被别的男孩讥笑为"奶油小生"或者"小娘们儿"。

相当多的 11 岁男孩开始不时出现勃起。导致勃起的原因对成年人来说似乎有些不可思议，各种正常的哪怕跟性毫无关系的激动就有可能勃起。 身体上的一些动作，比如骑自行车、攀登，还有聊天、看图片、读文学作品、做白日梦等，也都有导致勃起的可能。在随后的几年之内，导致勃起的原因逐渐显现出具体性和倾向性。许多男孩子都知道并且体验过不射精的手淫，这种动作差不多一半是有意而为，一半是无意而为。

和其他年龄段一样，男孩子总是比女孩子要更热衷于"讲脏话"，用些特别的字眼来指代性别以及排泄。现在他们对这些字眼所隐喻的含义明白了不少，许多孩子都已经知道"那些笑得最响的男生，其实不见得知道他们在说些什么"。

这些 6 年级的孩子开始关注繁殖中的畸形现象（比如双头小牛或者连体双胎），并且也开始关注他们自身的健康与发育。一部关于月经知识的电影对女孩子会很有好处。他们也开始问一些很学术的问题，比如遗传，比如为什么眼睛会是蓝色的而头发会是红色的。

3. 自我照料和日常作息：不会刻意做有规律的事情

❖ 饮食

食欲： 对大多数孩子来说，吃是一桩很让人快乐的事情。他会不由自主地对我们说"我特爱吃"。而他的父母也会对我们说，"他简直什么都能吃。"不过还是有少数孩子的食欲消退了下来，因为他过于"讲究"或者"挑剔"了。

孩子已经能意识到自己比去年吃得更多（或者更少），他会跟我们谈及他吃的量与他的身体状态之间的关系。

有个妈妈对我们说，"我女儿现在人生只有两大要事，一是吃，一是聊天。"这个典型的 11 岁小姑娘，和许多 11 岁孩子一样。他们一天到晚"除了吃还是吃"，你可以不断听到冰箱门告诉你，孩子又饿得去"偷吃的"了。11 岁孩子常常会盯住一样东西吃上好多好多，比如，晚饭前一口气吃 5 根香蕉、一整罐子的曲奇饼、一整只炸鸡、3 人份的土豆等等。有些家长简直不相信孩子会真的饿成这样，觉得他们如此的暴食实在是没有道理。不过呢，有些孩子的食欲波动很大，一顿暴食之后，下一顿往往可能没什么胃口。这种波动有可能和他们的情绪波动相关联，一个孩子告诉我们说，"有时候我什么都不想吃，可有时候我又饿得像一头熊一样。"一眼瞥见了不喜欢的食物，也有可能使得他一下子没了食欲。

11 岁的小姑娘已经明白，她吃多少和她长多胖有一定的关系。她也觉察到有些其他孩子怎么吃都不见得会长肉，但是总体上来说，一个人吃多少和她体重的增加的确是有关系的。于是，有人开始讨论和计划如何节食，只不过她们仅仅是说说而已。

偏好与挑剔：11 岁孩子情绪的两极波动，有时候会通过他对某些食物的好恶表达出来。他可能很偏爱某种食物，但是对别的不屑一顾。有个男孩子在对我们描述他对不同食物的好恶时，表情夸张极了。说到不喜欢的食物，他一脸痛苦的表情；说到喜欢的食物，他津津有味地舔着嘴唇；讲到乐处，他手拿着想象中的调味汁，洒到他想象中的最喜欢的肉食上；说到他最痛恨的食物时，他声称"好多孩子"都跟他一样，以证明他的痛恨很有道理。

11 岁孩子喜欢肉类，尤其是难得一见的或者是生的（煎牛排，烤牛肉，汉堡包和热狗，肉块等）。土豆，怎么做都好吃，土豆泥以及炸土豆尤其受欢迎。意大利式面条，各种油炸食物，玉米和豌豆，还有甜食，包括糖果、蛋糕、冰激凌，以及甜馅饼。

他们讨厌肝脏、各种蔬菜，不论做熟了的还是生的，菜瓜、甘蓝、西蓝花、芦笋、洋葱、卷心菜等都不行。（以前很排斥做熟了的胡萝卜、芹菜、西红柿等，现在总算可以接受了。）还有"各种各样的鱼"。炖杂烩、奶油烩制的食物、有蛋黄酱的食物，也都不受欢迎。

尽管偏好与挑剔都很强烈，不过这种好恶却可以颠倒过来。今天他喜欢吃的东西明天却有可能很讨厌，你往往很难弄得清楚孩子是怎么回事儿。比方说他忽然不肯吃鸡蛋了，只因为他学到小鸡是从蛋黄中汲取营养长出来的。不过炒碎鸡蛋有可能淡化掉这种联想。父母也应该尊重孩子的这种似乎很不讲道理的拒食，耐心等孩子自己滋生出新的联想来。

即使是很挑剔的孩子，出门去做客或者家里来了客人时，他们也还是会在一定程度上遵守社会规范。他会告诉你，哪怕他讨厌的食物，他也能吃得像模像样，至少，他会摆出一副接纳的姿态来。他这样说，"有时候，我会活动活动我的筋骨"，他摆出个动作来，"夹上一颗豌豆，放到我的碗里"。

点心与甜食：几乎所有孩子都需要餐间点心："一到放学回家的时候我就饿扁了。"大多数的家长不限制孩子加餐，但是会试图限制孩子的量以及他选择的某些东西。

受欢迎的餐间点心通常有软包装饮料、曲奇饼干、水果，以及牛奶、"曲奇加牛奶"。

少数孩子会因为无聊或者寂寞而找东西吃，还有些孩子上床睡觉之前要找吃的。

家长提及孩子很馋甜食的情况相对少了一些，不过，蛋糕和冰激凌仍然很受欢迎。

餐桌礼仪：合乎礼仪的孩子比不合乎礼仪的孩子略微多了一点点。根据家长的看法，相当数量的孩子"表现还可以"，而且这些孩子自己也表示没有家长的提醒。不过也有少数几个孩子对我们说："我在家里吃饭的时候，礼仪方面糟糕透了。"

家长对这个年龄段孩子的批评不尽相同，不过主要的不满包括：坐姿不正确，胳膊肘放在桌上，用手指头抓东西吃，批评东西做得不好，碰撒桌上的东西，吃得太快，嘴巴声音太响，说话太多，等等。

对自己吃饭的速度感兴趣，尤其对谁最先吃完感兴趣。

在餐厅里吃饭的时候，大多都愿意尽量表现得体面一些，甚至可能为此而吃一点点平常不喜欢的东西。假如 10 岁的孩子说"她非要我吃不喜欢的东西"，那么 11 岁的则会说："我会去尝一点点我不喜欢的东西。"

帮厨：我们的这组孩子当中，大约一半的人对帮厨充满热情，甚至连许多男生都会说，"我太喜欢做吃的了，你可能觉得男生这么说很好笑吧。"

他们的帮忙以准备材料为主：鸡蛋、汉堡包、热狗或者其他肉食、烤蛋糕、烤曲奇等等，而且他们渴望尝试新的东西。

❖ 睡眠

就寝：11 岁孩子跟睡觉很过不去，哪怕身边摆满了钟表他也连看都不看一眼。9 点钟就寝不过是理论上的说法，11 岁孩子的实际就寝时间恐怕在 9 点半到 10 点之间。哪怕早一点点让他上床他也会满肚子不开心，他不但很清楚"别人"什么时候睡觉，而且为了维护他的 11 岁权利随时不惜跟你一战。睡觉的时间常常很不固定，因为总有各种各样的事情，什么写作业啦、某个特别的电视节目啦、没有读完的一本书啦之类的事情，都能成为 11 岁孩子拖延上床睡觉的借口。

其实许多 11 岁孩子应该比他们自己认为应该睡觉的时间更早休息。父母一旦允许他们晚些睡，第二天他们常常萎靡不振。当然也有些孩子哪怕通宵不眠第二天也不见他疲倦。这些孩子往往是那些书虫子，如果父母不抓到他，他能一直读到午夜甚至更晚。有些时候，尤其是周末，家长还是应该给予孩子些许宽容，尽管有时候也不得不稍微"镇压"一下。节假日的时候如果 11 岁孩子能够得到更多的宽容度，这会满足一下他们觉得长大了的心理。

大多数 11 岁孩子至少需要半小时到一小时的时间才能真正入睡。有些孩子单独入睡会有些不安，常常愿意和兄弟姐妹共用一间屋子。他们有一些不想告诉你的顾虑，比方说担心有夜贼。不过总的来说，11 岁孩子的幻想还是愉快的事情要多一些。

睡眠：一旦 11 岁孩子入睡，那么电闪雷鸣也奈何他们不得，即使你在他们耳朵边上吹号也没关系。他们自己也会说，哪怕你扔一颗原子弹也吵不醒他们。

晨起： 10 岁孩子早晨醒来的轻松，在 11 岁孩子身上不复再现。虽然有时候他也会愿意起床，可有时候却觉得要他起床简直"还不如死了算了"。男孩也好女孩也好，起床时往往脾气很臭。即使那些醒得早的孩子，也愿意躺在床上多赖一会儿，更多的时候他们要被叫唤两三次再被你拽出被窝。就算那些最合作的孩子，也恐怕不泼一盆水到他脸上就不会真的醒来。他们平均 7 点左右醒来，然后要到 7 点 15 分才能起床。

❖ 洗澡、洗头发

11 岁孩子的许多行为都变得很难对付，可是他们对洗浴的抗拒反而有所减少，这实在给了父母一份意外的惊喜。当然了，只是有所减少而已，他们仍然嫌洗澡耽误事儿，只有时间十分充裕的时候才愿意洗一洗。好在真的需要你把他拖进洗澡间的次数有所减少，不过仍然少不了你的提醒、敦促、吆喝。

还有，尽管已经 11 岁了，这仍然不能表示孩子可以独立洗澡了。男孩子仍然需要你帮忙收拾澡盆，女孩子仍然需要你帮忙冲洗头发，哪怕明明有淋浴喷头可以自己冲洗。

长到这个年龄的孩子，已经开始意识到需要注重仪表，而且他们关注的中心往往是自己的头发和牙齿。以前老是忘记刷牙的孩子，现在常常主动刷牙了。有些孩子会跟你说牙齿干净真好，甚至会有人为自己的牙齿而自豪。偶尔你也会听见 11 岁孩子因为牙齿没刷干净而说不好意思。这一崭新的对仪表的注重，也会延伸到孩子的指甲。虽然他们还是不太能够把自己收拾得干干净净，但是至少，他们开始在乎自己脏不脏。

❖ 衣着与收拾房间

除了零零星星的小进步，比如愿意洗澡梳头之外，11 岁少年对衣服的穿着也讲究了很多。越是发育得慢的男孩子，越是不喜欢穿得呆板正正，相反，他更愿意每天都穿那件蓝色的旧衬衣。与此相反，越是成熟的男孩子越注重衣装，他们愿意穿得整整齐齐，而且开始喜欢花哨的款式、色泽明亮的衬衣甚至袜子。这样的孩子往往是那些长得高大健壮的、喜欢交友的，甚至开始约会小女生的男孩。

总的来说，最在乎衣装的还是 11 岁的小姑娘。尽管在此之前她们还喜欢穿牛仔裤，很少打扮。11岁的小姑娘往往很明确地知道她喜欢什么样的衣服，应该怎么着装。和妈妈一起去买东西的时候，她开始挑选自己喜爱的衣服；而妈妈则会发现，若是还坚持买些女儿不肯穿的衣服，那就等于白买了。

11岁孩子会把自己喜欢的衣服挂整齐、摆放好，但是除此之外的衣服仍然满屋子乱扔。以前出现过的"鞋子问题"也会重现，你的11岁孩子往往记不住昨天晚上把鞋子脱在哪儿了。

他们不会太像前些日子那样天天都穿同一件衣服，有可能自己就知道换衣服了，尤其是内裤和袜子。不过，有些时候还是需要妈妈在孩子又穿上脏衣服之前一把抢过来，同时把干净衣服递到他们手上。

尽管11岁孩子对自身整洁的关照只是星星点点的小进步，但这和他们对自己房间的关照比起来，已经好到天上去了。不过他们毕竟也开始稍稍在意些了，比如可能在墙上贴上些小标语，或者一些像摇滚歌星、骏马、运动员之类的图片。

他们的"收集癖"也比前一段时间淡了不少。但是当你逼着他们把"垃圾"收拾一下，要求他们至少也要把"垃圾箱子"挪到阁楼或者储物间里去时，他们还是需要花相当多的力气才能把这些东西整理出来。

收拾床铺对11岁孩子来说是一桩苦差，他们似乎根本就没这本事把床简简单单收拾好。不过有时候他也会给自己的床铺来点儿个性化风格，虽然看上去有些邋遢。

父母最好别让孩子的门开着，眼不见为净是上策。这样你们就可以凭借这层"帷幕"给自己的家来个"像样"的大扫除了。

❖ 金钱

相对于10岁孩子对钱的松散态度，11岁的孩子可能显得比较在乎金钱。我们采访的孩子当中，已经有了很极端的"财迷"，虽然也有些孩子仍然对钱满不在乎。

许多这么大的孩子已经挺看重他们的零花钱，如果父母不给"涨价"的话，他们还会来找你要。这时候的零花钱大约在1—3块钱之间，这要看他周围是些什么朋友。有些父母开始给孩子机会云预算较大的一笔钱，不过假如你的孩子还表现得满脑子糨糊，折腾不来的话，那就不必勉强他去实施。

尽管还是有些11岁孩子存不住钱，但是我们惊讶地看到，许多孩子的手其实已经把钱捏得相当紧，他们银行里的存款甚至可以高达三五十块。虽然这样的额度算是少见，不过大多数11岁的孩子多多少少能存些钱了。只不过，那些最善于存钱的孩子也是最善于花别人钱的孩子。而存不起钱来的孩子则往往是那些"大方"得过了头的孩子。这些孩子喜欢款待自己的朋友，也喜欢在某些特殊场合下拿出一份厚礼来。

总体上来说，11岁孩子花钱已经开始思考了，存钱也一样开始带有目的性。男孩子主要为自己的需要和愿望着想，比方说给自己买个模型飞机、吉他，或者自行车。而女孩子则倾向于为别人着想，她们存钱往往是为了买礼物送人。

你可以用钱来激励孩子达到某些要求，比如提高拼写成绩。你也可以反过来试试看，比如一旦完不成什么任务就减少零花钱。当然，这些都只能是临时性的办法。还有一种鼓励存钱的方法有时候效果也不错，即假若孩子存到一定额度，你就照相同数目奖励他一笔钱。这往往能激励孩子相当努力地去达成目标，而且也往往能让他们在兴趣减弱之前达标。

❖ 劳动

11 岁的孩子不但讨厌劳动，而且拒绝劳动。你如果要求他们帮忙的话，他们的表现会相当恶劣。他们不但会千方百计把家务推诿掉，而且还会动脑筋糊弄妈妈，让她以为事情已经做好了。孩子对我们说，但凡"应该"他们去清理的房间或倒掉的垃圾，他们总是能拖多久就拖多久。孩子满脸不高兴地推诿，往往导致父母满脸不高兴地命令。结果呢，用这些 11 岁孩子自己的说法，他们于是"不得不"去洗碗，"不得不"倒垃圾。孩子的这种不情不愿不讲道理的心态，实在让人难以与之和平共处。面对这个年龄段的孩子，做父母的可能会怀疑是否自己提要求的方式太笨拙，往往为了如何才能指使得动我们令人头疼的小家庭成员而发愁，妥协也好，讨价还价也好，对 11 岁孩子都起不了什么作用。

这个年龄段的孩子，一旦真去做什么家务了，往往会以他的有些挑衅性的不合常理的做法去做，结果他们做的事情难免总是不合要求。比方说摆个饭桌吧，他们偏要拿出些"平常最不会用到的碗碟"。又比方说，你想跟他一起简简单单铺个床吧，人家偏要来点儿独创，弄得两个人十分不快。随便你叫他干什么，做父母的如果不提醒几遍是不行的。

不过呢，有时候我们的 11 岁孩子也会兴致勃勃地主动去做些家务，而且做得不错。这个年龄的孩子，需要的是来自他们内心的意愿，而不是来自外部的指令，尤其不要是来自妈妈的命令。一旦出门在外，他们其实相当乐意接受各种挑战性的任务。在新的环境和适当的生疏感的作用下，11 岁孩子能令人惊讶地变得相当合作。假如你送他到别人家去由别人照顾他一个下午，他会过得相当愉快。

在家里，如果父母能允许孩子多一点自主选择，比如妈妈把家务琐事列出来，"扫地""浇花""倒垃圾"等，让 11 岁孩子自己选出两三项来做，孩子有可能会很合作。

4. 情绪：叛逆的苗头已经生长

❖ 情绪起伏如过山车

11 岁的孩子，在情绪方面，又完全不同。11 岁孩子的父母很可能心里隐隐约约觉察到，似乎某种超自然之力抓住了他们的孩子，因为孩子的行为就好像是受到了某种力量的左右，而这种东西又似乎不同于他们生活中的现实环境。

有时候你实在很难相信那温和的、友善的、阳光的 10 岁孩子，几乎在一夜之间就变成了一个小魔鬼般的少年。这个年纪的少男少女当然有他的优点，我们一开始就承认了这一点，但是，大多数的家长都会告诉你，11 岁的孩子在情绪方面可不是一个好相处的人，至少有些时候是这样的。更令人不安的因素是，这些父母往往也意识到，他们曾经身临此境，曾经陷于这种孩子情绪犹如翻滚过山车似的起伏，以及他们自己陷入密林深处般的迷茫。而这一切又在不知不觉之中悄然改变，一直到他们忽然走到一个急弯，蓦然面对了这片让人迷茫的丛林，才会明白，他们那就要进入青春期的孩子，现在又陷入了当初5岁半到6岁之间的荆棘之中。他们如今的感受，和几年前一模一样，同样剧烈的起伏不定，同样无可预料的情绪变幻，同样粗暴无礼的言谈举止，同样恶魔般的丝毫也不讲道理。

也不全是一模一样。当初幼小的孩子现在已经长得又高又大，而且自认为已经可以跟父母平起平坐。这孩子虽然可能跟当初一样，像一头桀骜不驯的狮子，但是他们现在却受到了不同于当初的某种更加复杂的、新的情绪波动的影响。

❖ 家长应对孩子情绪变化的对策

和孩子风雨同舟一起成长过来的母亲，不但应该同情孩子目前的境遇，而且应该知道现在是渐渐放手的时候了。能够接受父母直接左右和帮助的时代，对大多数孩子来说已经过去了，现在已经到了一个父母必须期待孩子能够自己找回自己的时刻了。

但是，这并不等于做父母的应该靠边站，再不可干预孩子的事情。相反，妈妈需要明白父母角色的全方位的尺度，把自己看作是孩子成长的后盾，随时回应孩子的需要，确保孩子在一个稳定的环境中成长。妈妈，就是一个能够控制局面但又不强迫孩子成长的人。

当孩子用跟他所面临的事情完全不相称的情绪冲动发飙的时候，做父母的难免会在当下失去对孩子情绪的洞察力。而我们作为儿童研究人员，却能够稍微拉开一些距离，看到11 岁孩子的一些不同的地方。想想看，我们描述 10 岁孩子的词汇，跟描述 11 岁孩子相比，有了多大的不同！一想到11 岁孩子，我们脑海里蹦出来的词汇，就会是"毛躁""对抗""仇视""伶牙俐齿""粗鲁无礼""根本不理你"等。我们能看得出他们心态的迷乱和惶惑，这些孩子一边"胡作非为"，一边却不知道自己究竟做了些什么。我们也留意到11 岁孩子冒冒失失的个性让他们的行为忽左忽右。

我们一方面很震撼地觉察到造成眼下这些混乱的负面力量，另一方面却往往忽视了潜在的正面力量。由于负面情绪的倾向太过于突出，太过失控，正面力量往往根本得不到机会展现出来，而事情又常常如此。

如果我们仅仅用这些描述 11 岁孩子如何难以相处的词语来看待他们，那么我们对他们的看法肯定十分不公允。其实，给他们一个快乐的充满活力的生活空间，他们自然就能够展现出他们美好的一面。

只不过，他们的正面行为往往不会展现在家里，而会是在跟外人相处的时候显现。在同我们的交谈之中（或者和任何愿意倾听他的人交谈之时），不论是男孩子还是女孩子，他们都会开怀大笑，胸襟开阔，思路敏捷，和你大谈"幸福快乐的起伏跌宕"。11 岁孩子清楚地明白，他们其实很喜欢被这种最简朴的友善所包容的温馨感觉。

❖ 11 岁孩子对自己情绪的反应

11 岁的少年其实也能觉察到自己的不良情绪。不过，他们虽然有能力知道自己有什么感觉，却往往不甚明白为什么会有那样的情绪。这个年龄的孩子知道他们有时候一大早醒来就脾气又坏又臭，或者满腹惆怅。他们也同样知道，随着时间的推移，他们的心情会逐渐开朗起来，要是有什么特别的事情发生的话，他们也能变得很快乐。

有些 11 岁的孩子自己也能解释为何大清早就脾气这么

臭。他们觉得要面对的事情太多了，没有了玩耍的时间，而且早上累得爬不起来。他们太渴望能多睡会儿！说真的，如果我们能够更加遵从孩子本身的需要和能力，11 岁孩子的生活会明快很多。不过，说起来容易，要做到却很难。我们的孩子不但需要更加简化的学习与生活，而且需要更多的时间去玩耍和运动。

11 岁孩子一旦真想要做什么，就会非常投入，甚至把自己累瘫掉。只要是他们自己愿意去做的事情，他们会毫不吝惜时间和力气。不论是去做什么，完成一件事情也好，试穿一套新装也好，出门去远足也好，他们想做的事情才是最首要的事情，这就是他们的法则。11 岁孩子的情绪十分外露，只要看一眼他的鬼脸，就知道他很不喜欢吃这东西，根本不需要任何言语。这个年龄的孩子往往会不由自主地表达他们的感受，比方说也不知道自己已经干了坏事，反而过来告诉你说，他今天的日子可开心多啦，因为他得了好多的便宜（做了好些平常不被允许去做的事情）……而实际上，做爸爸妈妈的却知道得很清楚，今天不是更好了而是更糟了。

尽管大多数 11 岁孩子常常因为某件事情而觉得"真的很开心"，但是，假如门铃一响，新来一个小妹妹要来分享他的圣代冰激凌，或者，干脆什么事都没有，许多孩子就已经开始有了一种莫名其妙的不开心了。说话语气比较火爆的爸爸、神色有些悲伤的妈妈，都能触动 11 岁孩子心底那根不快乐的短筋。一点点不受欢迎的感觉，就能让他满腹失落。

不过，要说 11 岁孩子最为常见的情绪，那还是气恼——那种忽然爆发的、怒火冲天的、不可控制的气恼。尤其是对自己的弟弟妹妹，他们更容易发火。大部分孩子会毫无遮掩地对兄弟姐妹或者同龄伙伴发泄怒火。不过，有些孩子已经开始在这时竭力克制自己，哪怕对方实在惹得他恨不能上去打上一架，他也会尽量隐忍。还有些孩子会在生气的时候发狠要做点儿什么，可是当他真做好了准备要去做点儿什么的时候，却可能已经忘记刚才自己是为了什么而怒不可遏了。11 岁孩子发脾气的形式，常常表现为大吼大叫，嘴里骂一些恶狠狠的话。

有时候，为了些很不值得生气的鸡毛蒜皮小事，11 岁孩子可以被气得面红耳赤。当然了，也有些时候是为了真让人很生气的事情而生气，比如父母说话不算数，或者别人的做法不公平。可是，当年他 10 岁的时候，却不会这么容易生气，不管是为了哪种理由。11 岁孩子实在很容易陷入气恼之中，而且很需要想办法回归平和的心境。这个年龄的孩子更倾向于真的去报复人家，去说些很伤人的话，或者赌气不理人家。

还有，11 岁的孩子比起 10 岁的时候更容易被气哭。事实上，这个年龄段算是眼泪最多的阶段之一。他们常常为了芝麻大点儿的事情就掉眼泪，比方说，一本心爱杂志的封面被撕掉了，或者妈妈"斜"了他一眼。失望和伤痛的心绪也能让他掉眼泪，太累了也会掉眼泪。男孩子的眼泪不比女孩子更少。连他自己都说，现在他是一个小气包。

当初不那么胆小的 10 岁孩子，长到了 11 岁，胆子却小了不少。首先就是这个年龄的孩子看来都害怕独自一个人的环境。我们从他们总是想跟家人凑到一起就能看出这一点，也许这就是他不愿意独自待在自己小屋里的原因。孩子不会告诉你他害怕什么，但是，他会要求你在厅里留一盏灯，而且别关上他的门。他会察看他们的衣橱和床底，如果妈妈问他在干什么，他会故作淡漠地回你一句："随便看看而已，妈妈。"孩子还可能在床头放一只手电筒。还有些孩子担心被人劫持。

女孩子对皮肉之痛、感染发炎等状态更害怕一些，甚至是妈妈有个什么瘙痒也让她害怕。还有，女孩子比男孩子更害怕没人喜欢自己。不过，想想他们人际交往的混乱状况，这一点倒是很可以理解。女孩子们还会害怕男孩子拉帮结伙来捉弄她们。

11 岁孩子对疼痛的惧怕也比 10 岁的时候更甚。他们往往比自己想象的要脆弱得多，常常会情不自禁地哭出来。小姑娘们对爸爸的批评格外敏感。少数孩子会因为自己的伤痛而想要进行报复，不过总体上来说他们会把这些伤痛埋藏在自己心底。

11岁孩子会主动寻求身体上的爱抚。一旦我们了解到这个年龄的孩子十分纷乱的情绪变化，就会明白孩子的这种需求十分自然。他们心里需要有个倚靠，一个能接纳他、知他所是的人。但是，这必须是由他主动提出，而不可以是妈妈。如果妈妈在大庭广众之下表达爱意，男孩子会觉得格外难堪，女孩子也会一脸冷漠。但是，私下里，他却会过来依偎着你，夜晚一定要有那个晚安亲吻才肯入睡，有时候甚至能黏糊得反而让妈妈都觉得难为情。

通常来说，11岁少年颇为他们的小圈子、他们的家庭、他们自己的东西而感到快乐。不过，他们也可能眼馋别人的东西，比如别人的小狗或者电视。更为要紧的是，他们开始羡慕别人的长相，羡慕别人长得更漂亮或更健壮。女孩子会因为她的朋友更关注别人而不是自己而心生妒意。还有，不论男孩女孩，这时候都格外嫉妒自己的兄弟姐妹，总认为是他们霸占了父母所有的关注和空闲时间。11岁的孩子个个都很清楚他们的朋友在家中能得到哪些特权，而且十分嫉妒，比方说谁可以更晚睡觉、谁家父母允许晚上到外面玩等。

11 岁的孩子十分好胜，用他们自己的话说，"我可拼命了""我们当中哪个不好胜啊？"他们相互攀比，争当第一，有些在学习上争强好胜，有些在运动场上不甘落后。

这个年龄段的幽默感又有了不少长进。11 岁的少年不但擅长说双关语，而且还擅长搞笑，他的离谱往往能让你觉得难以置信。一个男孩子可能忽然就变成了一个活宝，而且在他的同龄朋友圈中还会有很多观众。

什么事情都能让这些 11 岁的孩子们很不着调。对女生一句不关痛痒的评论，可能惹来一群男孩子的白眼，或者招来他们的哄堂大笑。性别意识的觉醒，到了这个年龄段，常常就变成了"脏话"。不过这些"脏话"主要还是排泄方面的字眼，而不是性别字眼。一个孩子"爆了光"（老师提醒他把裤子拉链拉上），可以立即惹出一通爆笑；但是一转眼，他们又同仇敌忾义愤填膺，觉得老师这么当众不给人面子很不地道。11 岁的孩子就这么本事，一下子能捧腹大笑，一下子又成了僵尸脸，在幽默之中起伏跌宕。他们很善于迅速抓住要点，用自己的方式，给一件严肃的事情幽上一默。比如一个小女孩生气的时候，就可能这么对自己说："臭脾气啊，少臭点儿吧。"

5. 自我意识：反复无常是常态

"噢，我那惹人喜爱的 10 岁孩子怎么就不见了呢？"我们常常听到 11 岁孩子的父母如此哀叹。10 岁孩子的那种和风细雨、乐于回应、易于相处（尤其与父母）的特征，到了 11 岁的时候，往往就不见了。现在，他们的父母总忍不住要问："我的孩子这是怎么啦？"

要想理解孩子的这个特殊成长阶段，不是一件很容易的事情，因为这一阶段发展的表象实在有些捉摸不定，一阵子他特别地"好"，一阵子他又特别地"坏"。他在家里可以穷凶极恶，出了家门，又可以是一个彬彬有礼、乐于付出、充满魅力的孩子。

只要我们能够尽力不去责怪我们的 11 岁少年，而是努力去更多地理解他们，我们就能看得很清楚，11 岁孩子的这些不讨人喜欢的品性，比方说反叛、自私、拒人千里之外等，其实都是他在寻找自我的表现，他在寻找那个就要破茧而出的自我。

当然，单靠父母的理解并不能让一切都变得顺畅，孩子自己本身也要去成长才行。但是，父母可以营造一个有助于孩子成长的环境。当步履维艰的 11 岁孩子寻求爱的依托来支撑他们自己时，愿我们做父母的都能够表露出孩子所需要的爱意来！当孩子极端粗鲁、自私、毫不替他人着想、不讲道理地反抗我们时，愿我们做父母的能够这么自问一句："我们的 11 岁孩子是在反抗我呢，还是在反抗他自己错综复杂而迷茫彷徨的深层自我呢？"

做父母的切记不要去把事情搅得更复杂。我们最好不要不遗余力地指责孩子对年长者（以及同辈人）过分的粗暴和无礼，相反，我们更应该想方设法帮助他们跨越人际关系中的艰难。11 岁的孩子更容易从一种讨价还价的角度来处理问题。你可以这样讲："如果你在家里做好你该做的事，那么我也在家里做好我该做的事。"比方说，如果孩子帮忙刷碗，那么作为交换，妈妈就帮孩子做家庭作业。

听听 11 岁孩子的怨言吧："自从我长到了 11 岁，我现在做什么事情都好像一塌糊涂。"这样的怨言，却同时又是那么的实际。男孩也好，女孩也好，在你面前说些不该说的话，做些不该做的事，弄坏些不该弄坏的东西，摔些不该摔的跤，什么都搞得一团糟。而且，尽管他已经注意到了自己糟糕的言谈举止，孩子却往往并不能意识到他真正做了些什么。

11 岁孩子似乎聚集了所有力量来"对抗"：他们凡事对着干，而且常常不自知。这种包括行动上的、言词上的、感受上的对抗，在我们看来，却实在是再清楚不过的了，因为，他们总跟人拧着来。11 岁的孩子尤其愿意跟别人不断互动，不论是正面的还是负面的。

他们不善于看到好的地方，而总是看到自己的以及别人的不是。可是，你若真要他确切指出什么地方不对头，他们又往往说不到点子上："我想我的毛病多得数不清吧。谁都这样是吧。我不知道到底哪一点最糟糕。"不过总的来说，他们能够意识到的问题，往往是和别人之间的冲突，11 岁的孩子会承认自己跟别人顶嘴、互不相让、发脾气、推托责任等。很少有这个年龄的孩子会认为自己有优点，不过即使有，也显然还是在与人的交往方面——他会觉得自己善意而友好。

和 10 岁的时候一样，11 岁的孩子也相当喜欢做个 11 岁孩子，而且相当满意自己在逐渐长大。很少有孩子渴望自己能再大点儿，更少有孩子希望自己还没长到 11 岁。不过他也认为，最好的年龄属于 15—17 岁之间，只因为那时候他就可以去参加各种舞会和晚会了。还有些小女孩觉得上大学的年龄是最好的，因为那时候她就可以谈恋爱了。

11 岁孩子对未来职业的向往，继续受到父母所从事的工作的影响。不过，他们已经开始能够做出自己不同的选择了。男孩女孩对自己都有了一定程度的了解，比方说他们的能力和他们的感受，这使得他们比以前有了一个更好的根基来做自己的决定。他们甚至知道了现在的想法将来可能还会改变。11 岁孩子很善于清楚地表达出他们的愿望。10 岁的时候他往往有好多种想法，到了 11 岁许多孩子则已经能够把想法浓缩到两个："做个农民，或者做个医生""当个模特或者设计师""做个护士或者芭蕾舞演员"……他们已经显现出十分具体的喜好："产品设计艺术家""时装设计师""夜总会歌星"等。

女孩子当中，想要当老师的占大多数。男孩子当中，想要当医生或者运动员的占大多数。

11 岁的少男和少女，也会常常梦想自己能成为某个舞台的中心。梦想成为一名舞蹈家、作家、设计师，梦想成名成家，成为顶尖人物。也就是说，假如他想要学法律，那么他希望自己成为终审法院的首席大法官；假如他想要当职业篮球运动员，那么他希望自己能够成为全队的核心；假如他一直对农业感兴趣，那么他希望能拥有自己的农庄。女孩子也可能希望自己成为芭蕾舞剧中的女主角，或者一名女宇航员。

大约有 82% 的女生和 70% 的男生打算将来去上大学，这些想要升学的孩子在选择自己的前途方面，变得更有主见，父母的意见对他的影响越来越小。也有些孩子还不太清楚自己将来想做什么，甚至还可能害怕自己的理想不被接受。不过 11 岁的孩子已经明白，要想胜任某种职业，学习和训练是必不可少的。有的甚至已经开始梦想将来考研究生了。

大约有 89% 的女生和 72% 的男生打算将来成家。这一数据和 50 年代我们的调研数据相比，女生没有多大变化，但是男生的比例有了很大提高，因为 50 年代的调研结果是只有 52% 的男生打算成家。少数几个很善于表达自己的想法的男孩子告诉我们说，他已经开始考虑未来的"老婆"该是什么样子的了："金发美女""又聪明又富有"。

而 11 岁的少女则大多跟她们考虑将来该从事什么职业一样，已经在认真考虑将来该嫁什么样的人了。经过仔细的考量，她已经把对容貌和财富的要求降到了次要位置。她希望将来嫁一个和善的、诚实的、善解人意的、气质不错的、幽默风趣的人。她也希望他能够挣到足够的钱养家糊口（11 岁少年果然最惦记着吃）。她当然还希望他比较聪明能干，而且相貌英俊。但是最关键的，她希望他能是她的有缘人。

大多数的 11 岁孩子都想要有个像样的家。虽然少数人心目中的家应该是儿女成群，不过绝大部分的少年希望自己能有两个孩子，儿子也好，女儿也好，都可以。

6. 人际关系：心口不一

❖ 与家庭的关系

　　11 岁的孩子，跟他 10 岁的时候一样，很重视自己的小家庭，但是却有了跟 10 岁时完全不一样的理由！如今不论是男孩还是女孩，都热心参与家里的一切事务，包括准备晚餐，而且对发生在他周围的事情都积极地参与，生怕自己错过了什么好事情。因此，11 岁的孩子实际上现在很少独自待在自己的小屋里。不过，跟全家人在一起的时候，11 岁孩子却又经常躁动不安，总是不断地打断大家的对话，给你来一句"现在我们要干什么呢？"

　　前些日子被捧到天上去的爸爸妈妈，现在被狠狠地摔回到了地上。不久前还张口闭口"妈咪"，如今这个词却用"她"替代了。爸爸成了"老家伙"（"老某某"等），谁让他胆敢对这些小家伙那么严格呢？别忘了他们可是最难伺候的 11 岁孩子！另外，不论男孩还是女孩，都不再像前段时间那般热衷于谈论自己的父母，他会因为害怕自己口无遮拦而变得有些守口如瓶。他已经明白妈妈其实并不是什么都知道，而且也摸透了爸爸的脾气，另外，对别人的心机他也看得越来越明白。他的这份领悟等于给了他一套全新的武器装备，方便他去挑起事端或者避开冲突，以及绕开父母最想让他去做的事情。

一大早的家庭冲突是最让父母感到头疼的事情，你的 11 岁孩子什么都要跟你争辩，借用一位家长的话来形容，那就叫作"油盐不进"。这也就难怪到了后来父母往往不得不大吼大叫了。

一个比较明智的做法是父母可以先列出一张表来，逐一写出希望孩子能做到的事情，然后让孩子也列一张表出来，逐一写出他觉得自己能够顺从哪些事情。你会发现，父母的列表往往比孩子的列表要长得多。我们来看一个例子：

（1）动作再快一点点。

（2）多帮忙做些家务事。

（3）房间收拾得再干净一些。

（4）帮忙照料宠物。

（5）打扮得再整齐一些。

（6）在餐桌上的举止更得体一些。

（7）对兄弟姐妹更友善一些。

（8）晚上睡觉以及早晨起床能更加利索一些。

孩子的应答清单，相比父母提出的要求，则显然要短很多：

（1）有心情的时候我可以帮帮忙。

（2）要我做的事情大多没问题，就是别让我洗碗。

（3）别朝我吼叫。

（4）别告诉爸爸。

（5）别再指责我。

很显然，11 岁的孩子显然不能够很好地顺应父母的要求。这个年龄的少男少女又进入了新的一轮成长之中。

但是，11 岁的孩子和他们的父母也并非都生活在"水深火热"之中，更何况孩子总归会跟父母中的一个相处得要好一些。不论是儿子还是女儿，他们都很喜欢跟自己的父亲一起玩，包括去散步、去海边、去动物园、去电影院。他们尤其喜欢去钓鱼、划船、游泳、打球等等。

妈妈也有特殊的地位：她是谈心的好对象，是倾诉的好听众，是爱抚的好源泉。

母子关系

11 岁孩子对妈妈的态度是一个 180 度的大转弯，不但对妈妈相当粗鲁、处处抗拒，而且似乎跟她"专门作对"，"任何事情"都要跟她来一番唇枪舌剑，其主要目的就是要证明妈妈是错的。有的孩子眼里的妈妈简直一无是处，女孩子更是可能随时盯紧着妈妈，好随时挑剔她的不是。但凡是妈妈提出的建议和要求，统统予以回绝、否认，甚至是"在她还没来得及说出口之前"，就先行封住她的口。

对妈妈，11 岁的孩子不但嘴上丝毫不留情，甚至还会比这更粗野，把她当作撒气筒。你会看到一些让你目瞪口呆的场面：朝妈妈狠狠跺脚，对她吼叫，跟她顶嘴，大声骂她"笨蛋""讨厌""骗子""铁公鸡"。妈妈有时候也会忍不住"怒火中烧，狠狠骂回去"。

孩子对妈妈的"指控"中，有很多事实上的夸大和言辞上的夸张："你是我们全校最刻薄的妈妈，所有的人都这样说你！"当他跟我们说到妈妈如何剥夺了他的权益时，会充满嘲讽地模仿他妈妈的样子给我们看。

他们其实也都知道，妈妈就是想要他"改进"，希望他能多帮忙做些家务，把屋子收拾得干净一些，对兄弟姐妹友善一些。可是，尽管 11 岁的孩子对妈妈高标准严要求，对自己却不同，连伸一伸手指头他都不愿意。无论你要他做什么事情，都很可能是这么一句回答："我不做不行吗？"许多妈妈干脆放弃了让 11 岁孩子帮忙做家务的痴心妄想，尤其是对男孩子。

对于妈妈给的"甜头"，11 岁的孩子不但半点都不买账，而且总是嫌妈妈太小气了。

有的时候一种更友善、更合作的关系占主导，那是女孩子跟妈妈之间有了秘密、要互相"保密"的时候。甚至哪怕她干了件其实没什么关系的"坏事"之后，对妈妈的忏悔，也能让孩子心理感觉松快很多。男孩子也一样有非常爱妈妈的时候，只是很多事情孩子都不肯再告诉妈妈了。

父子关系

虽然有些 11 岁孩子还是非常敬仰甚至爱慕自己的爸爸，但是大多数这个年龄的孩子对爸爸的心态已经变得实际多了。他们大多仍然相处得挺好，而且爸爸仍然会花许多时间陪伴孩子

（"全家一起"的活动还不算在内），带着自己的儿女去划船、游泳、射箭、玩游戏、看电影、去动物园，以及到林中散步。

而且爸爸现在很重要的一个角色就是管教孩子。许多 11 岁孩子都说他们的爸爸非常严格，有时会很生气。一般来说，爸爸对 11 岁孩子的犟嘴与抗辩可没有妈妈那么多的耐心，而且他会特别看不惯女儿居然不怎么帮忙做家务。爸爸也往往容易发脾气，不少 11 岁孩子说他爸爸太没有耐心了，太容易发火了。

说到爸爸的时候，不论男孩还是女孩，都不再像 10 岁时候那么滔滔不绝了。虽然大多数孩子还不敢直接挑剔爸爸的不是，但是他们还是有些牢骚，而且有了一些抗拒。大多数孩子仍然觉得爸爸陪在一旁的时间太少了，而少数孩子则心里嘀咕爸爸是不是不愿意花时间陪自己。还有些孩子觉得爸爸更喜欢哥哥姐姐弟弟妹妹一些，因为他们之间更加默契。

根据妈妈的讲述，有些孩子明显惧怕爸爸。有些爸爸对儿子也的确够厉害的："他不算是个暴烈的人，但是如果他烦躁的时候你做了错事，他就会揍你。"与此同时，有些男孩子说到爸爸时的用词已经变得很粗鲁了："那个老某某。"

在这个年龄段，孩子跟爸爸的关系会比跟妈妈更好，女孩子尤其突出，哪怕爸爸的耐心以及包容度都不比以前。因此女孩子即使在告诉我们她爸爸"说到做到"的时候，语气里也都带着些许自豪。

祖孙关系

尽管这个年龄的孩子似乎非常喜欢在妈妈面前没完没了地制造事端，但是在祖父母面前一般来说不会这么不遗余力地"狠狠往坏里搅合"。我们有一个小女孩，去拜访了她的外婆，外婆问她怎么会这么乖，她回答说："你希望我是个快乐的好孩子，我这不就是这样嘛。"

兄弟姐妹关系

大多数情况下，11 岁的孩子跟弟弟妹妹之间别扭得厉害（除了很小的弟弟妹妹之外）。若说到打架的话，从"偶尔"到"经常"，情况不尽相同。尽管"动真格"的打架多半被骂架所代替，但它还是会出现，包括打、踢、咬、揪头发等等。有很多"挑衅"行为，嘴上的以及手脚上的："她每次路过都少不了要去戳他一下，不是轻轻戳就是狠狠戳。他当然还手，然后就真打起来了。"

11 岁孩子最常见的说法是："她总是给我惹麻烦！"弟弟妹妹总是那个"挑事的"，他只不过是"礼尚往来"而已，可父母总是偏袒小的。父母要求他让着弟弟妹妹、不要凡事都报复，但他却很不以为然，认为这显然是"偏袒他们"。

对弟弟妹妹的缺点和错误，11 岁的孩子毫不嘴软，"懒惰""粗心""又脏又乱""不诚实"，而且还要教训他们、纠正他们，结果往往招致小家伙的反抗。他常常朝弟弟妹妹吼叫，尽管他对哥哥姐姐朝他吼叫很不爽。争抢东西也照样是许多争吵的主要原因："他碰了我的东西。"

可是，不论他和兄弟姐妹在一起时打得多么势不两立，可是一旦他们在外面遇到了麻烦，没有谁能比 11 岁的少年更能担当他们坚强的后盾了。11 岁孩子也常常把他自己（更常常是她自己）看作是弟弟妹妹的朋友，甚至是父母，企图帮助他们表现得好一些。不过，唉，他却也常常在心里发狠："那小笨蛋总也做不好，我恨不能掐死他！"

如果是比自己大了好几岁的哥哥姐姐，比如 18 岁的或者更大的，11 岁的孩子跟他们的相处好很多。如果是只比他大了两三岁的哥哥姐姐，"我们也会打架，不过跟小时候比起来少得多了"。而且跟哥哥姐姐的打架一般多是打嘴仗："我们不再出手打人，但是随便什么小事我们都可以争辩一番。"他会去奚落哥哥姐姐，也会被哥哥姐姐奚落。

有些也可以跟哥哥姐姐一起玩，尤其是体育活动。但是，哥哥姐姐一般都嫌弃他是个拖油瓶，特别是有朋友在场的时候，很不愿意让他跟在身边。

许多人会庆幸哥哥姐姐因为读书而远离了家门，当然他也会想念他们。

11 岁的孩子也会担心哥哥姐姐彼此更要好，而不是跟他更要好，也担心他们会联手对付他。

11 岁的孩子什么都能看得明明白白，而且还特别大嘴巴，因此一个聪明的哥哥或者姐姐最好不要让自己 11 岁的弟弟或者妹妹去当"电灯泡"，否则的话免不了落下话柄。哥哥姐姐有些事情能不说最好就别说，尤其是在自己情窦初开的时候。

❖ 与朋友及同伴的关系

对于友情，不再像 10 岁时那么随意。11 岁孩子挑选朋友的理由，不再是因为谁谁住得近，也不再是因为谁谁喜欢和他做一样的事情。因此，他的朋友可能住得很远，甚至可能靠通信来维持友谊。他现在喜欢的是"志趣相投"或者"讲情理"的朋友，正因为如此，他跟自己最好的朋友相处得格外和谐。这一点在男孩子身上尤其显著。总的来说，男孩子更倾向于有一个最要好的朋友，同时还有一大群能玩到一块儿的人。他们这时的人生目标就是大家在一起玩得开心。一所建在树上的小屋可以是他们理想的碰头处。他们也永远不会厌倦一起打棒球、骑车郊游这类的活动。如果是两个孩子在一起，他俩则往往会玩玩棋盘游戏，读读漫画书，或者干脆坐在那里聊闲天。男孩子常常喜欢在朋友家过夜。在这样的夜晚，打枕头仗往往是他们宣泄热忱和友情的好途径。

同性朋友

女孩子：一般都有很多个朋友，只有少数人仅仅有一两个最好的朋友。有些人会很随意地跟"一大帮"朋友交往，有些人则把朋友明确地分为不同档次（"我最好的朋友是洛莉。其次是露丝，跟露丝在同一档次的还有伊芙"）。有些人还会把朋友的名字一一罗列出来，逐个说出她们的不同之处。还有一个典型的 11 岁小姑娘这么问我们："我可不可以只跟你说谁不是我最好的朋友？"

她跟好朋友之间的感情纠葛仍然很情绪化、很强烈、很复杂，仍然会有很多的气恼、赌气。要么甩下一句"你爱咋地咋地"，要么等着对方向她服软。而对于这些女孩间的纠纷，她实际上乐在其中，至少对一部分女孩子来说是如此（"我有一大群的朋友，每个人我都很喜欢，但是，我们肯定要吵吵架，否则太风平浪静了"）。

女孩之间吵架，不单是打嘴仗，而且还有不少感情上的冲突，甚至动手动脚真打起来。"她总是想要压我一头。""她就是特可恶，嘲笑我戴着牙箍，还问我为什么说话咬舌头。"她们最受不了朋友当着别人的面说些恶意中伤的话，对此很难做到一笑了之。

一个好朋友可能对她吸引力非常大，甚至尽各种努力以讨对方的欢心。比如说，她可能在好朋友的授意之下故意不做练习。有几个人提到朋友的时候非常动情："她好得不得了。""我从来不会生我好朋友的气。"有些女孩子还会故意去结交那些不受人欢迎的、不招人待见的孤独的孩子，而且对她们很照顾。

女孩子之间，自己的朋友跟别人玩会让她嫉妒，为了鸡毛蒜皮的小事也会争吵起来。不少人会用尽心机巩固自己在朋友中的地位：坚持自己掏钱买零嘴，坚持请朋友吃零食等，甚至为了表现自己的慷慨大方而显得太坚持、太有压迫感。

开始对朋友有了一些具体的批评："她对我实在是太不好。""她老是骂脏话。"

晚上跟好朋友一起过夜仍然是女孩子喜欢的事情。

男孩子：和 10 岁的时候一样，有些人只专注于一两个最好的朋友；有些人跟"一帮哥们儿"混，还有些人则两者兼而有之。

他跟朋友之间的关系一般"还行"，但是有些男生之间的相处不再像 10 岁时那么和顺，好在跟女孩子比起来毕竟没那么多纠纷。可是吵了再好好了再吵的情形多了很多，他们之间也会相互生气、互不理睬。"我等他们先跟我说话。可是如果他们总也不肯，那我只好先跟他们说话了。"

开始对朋友有了一些具体的批评："他瞎吹牛。""他责怪我不好。"也有反过来对朋友热忱赞扬的："一个真正的朋友，一个真正的伙伴。""我最棒的朋友，总是很有兴致跟我交谈，而且我们常常想法一致。""他的性情跟我不相上下。"

棒球、骑车、体育活动、看电影、搭棚子或者搭建树屋，都是"成群结队"的男孩子们喜欢一起忙活的活动。

开始跟朋友一起过夜。

有些孩子自己说他有不少朋友（"差不多有 10 个很要好的朋友吧"），可是他们的妈妈却告诉我们说孩子很孤独，没有什么朋友，而且也不怎么跟人交往。

异性朋友

女孩子：许多女孩子在这一阶段特别厌恶男孩子："他们臭烘烘的""特讨厌""都是些烦人的家伙""他们当中有些人让人特别不舒服""一群坏家伙"。

不过，有些人却没这么反感，而是比较中肯一些："我不觉得我们跟男生有什么关系。"她有可能特别强调仅仅是友情："我不喜欢那些人到处跟人说什么我爱你你爱我的。说来说去就只知道爱。可是这样的话题实在是没什么意思。"

还有些发育得快一些的女孩子，已经透露出了喜欢异性的端倪："有一点点感兴趣吧。我们一起聊男孩子，不过我们并不跟他们一起玩，他们也不肯跟我们玩。""我们每个人都有个算是喜欢的人吧。我不知道他们喜不喜欢我们，我也不知道他们知不知道我们有些喜欢他们。"

也有些女孩子对男生很粗鲁：故意去追打他们、招惹他们。

我们有 70% 的女孩子说还没有"朋友"，但是 57% 表示愿意有，另有 57% 的女孩子表示，关于性以及"约会"，她们已经获得了足够的知识。

总的来说，女孩子跟男孩子之间的关系，即使是一种友善的关系，也仍然是萌芽状的："我喜欢男生。我不知道他们是不是喜欢我，也许吧。我姐姐会去帮我打探。她可以去问她的姐妹们。"

男孩子也会一定程度地故意招惹女生，把她们围起来，朝她们吐唾沫、扔纸球或者雪球，打她们，假装要掐死她们……而一群女孩子往往觉得一群男孩子实在是太粗野、太白痴，在学校里根本不买他们的账。

他们也开始打电话相互"唬弄"对方。起头的人可能是男孩子也可能是女孩子。通常是在一群孩子彼此都喜欢这么逗弄着玩的情况下，才会玩得起来。

男孩子：大多数男孩子对女孩子的态度都比较中肯："我不讨厌女生，可我也不喜欢她们。""我们不反感女孩子，可是我们通常也不想跟她们玩。如果大家必须一起玩的话，我想我们还是可以让她们加入进来的。"但是，我们这一组少年中有将近¼的男孩子要稍微领先一步。他们要么对某些特别的女孩子"感兴趣"，要么"已经有了一个女朋友"，尽管他这么做有可能只是为了"跟我的朋友们保持一致"而已。这时候他们对女孩子的兴趣并不是真正意义上的，并没有多少自我意识。这时候他还不会有意露出那种讨女生喜欢的微笑。

有好几个男孩子告诉我们"我曾经有过一个女朋友，可是她搬走了"。还有少数几个发育得更成熟一些的男生会强调说："我只是把她们当作普通朋友来喜欢的，并不是当作女朋友。"

能让他喜欢某个女孩子的理由可能是"她走路很轻盈""她长得挺漂亮"。

大多数男孩子都觉得女孩子在运动场上比较差劲："她们简直没有什么判断力。就算是一个傻瓜也会比她们更强。"

学校里同一个班级的男生常常抱成一团，跟女生竞争，甚至对她们充满敌意。

略微超过一半的男孩子表示他们还没有开始"约会"，但是，71% 的孩子表示他有这个意愿；59% 的男生表示，关于性以及"约会"，他们已经获得了足够的知识。

开派对

这个年龄段的孩子对开派对不是特别感兴趣。即使在家里举办派对，也大多是只有男孩子或者只有女孩子参加的派对。即使是在男女生都邀请了的派对上，和 10 岁的情形差不多，主要是吃和玩，但是，跳舞显然开始了。有意思的是，这个年龄组的孩子在我们的面谈中所描述的派对活动不太一样，有些自相矛盾。女孩子说她们在派对上主要是玩游戏，其次是跳舞，最后是聊天（这次女孩子中有 20% 宣称她们在派对上"亲热"过了）。而男孩子中则有 42% 的人说他们在派对上跳了舞，还有 60% 的人说"亲热"是他们在派对上最好玩的也是最主要的活动。

7. 活动与兴趣爱好：对抗性 增强，不愿独自玩耍

❖ 户外活动

玩耍不再像孩子 10 岁的时候那般重要了。玩耍可以包括他跟别人的关系，然而，如今这个"别人"对他来说已经比玩耍更为重要了。11 岁的孩子很少愿意独处，而且似乎总在家人之中掺和，尽管他可能跟父母或者兄弟姐妹闹得很不开心。如果你强迫他独处，那么 11 岁少年则很可能把自己想象成两个人在那里对弈，或者对打，感受着那种"两个人之间"的乐趣，玩得不亦乐乎。

不过，11 岁孩子跟他人之间的人际关系，却远远谈不上
是正向的、正面的关系。有些时候他的主要力量就用在了跟
某些同龄人的对抗之上。没有谁能比一个 11 岁的小丫头更狠
毒，而她自己却毫无感觉。如果遭到她毒手的小家伙胆敢还
击她，那么这必将刺激她变本加厉地进行报复。

11 岁孩子的兴趣爱好，跟他 10 岁的时候不相上下。只不
过，11 岁的他不再像 10 岁的时候那样，恨不能一整天在外
面撒野，也不再那么热衷于反复在操场上、球场上练习技巧。
虽然 11 岁孩子喜欢动个不停，也喜欢各种大运动量的活动，
不过他也喜欢去参观、去探勘，而最喜欢的是去谈论。让这
个年龄的孩子去搭建一所小树屋再合适不过了，只是妈妈需
要多花些心思进行仔细筹划并安排周到。

尽管在家里做事情的时候，11 岁的孩子依然显得笨手笨
脚、碍手碍脚。可是，在滑雪场或者溜冰场，你却会惊奇地
发现这孩子居然已经如此身手灵巧了。

不论是男孩子还是女孩子，都喜欢带上自己的小狗，跟
着朋友一起出去溜达溜达，蹦跶蹦跶。外面的一切都能让他
感到兴趣盎然，他喜欢看各种动物，喜欢一边观察小虫子一
边谈论它们的习性。他能走到墓地里去，仔细阅读墓碑上的
诗文。他固然喜欢骑车子，但是走路显然更有趣，因为骑车

子的时候没办法用他的脚边走边蹦跶。

❖ 室内活动

对收集东西的爱好则是一如既往地强烈，而且这方面他最感兴趣的事情就是跟朋友交换各自的收藏品。

和 10 岁的时候一样，男孩的乐趣跟女孩的乐趣有明显的不同。一方面有些兴趣爱好会变得更加浓厚，因为他为之投入了更多感情；另一方面他可能会忽然失去对某些事情的兴趣。女孩子也许这时候仍然喜欢梳妆打扮，而且还可能喜欢去洗劫妈妈的衣橱，尤其喜欢妈妈的鞋子。不过，也有些女生已经过了这一阶段，对此兴趣索然了。

许多女孩子这时候都开始对缝纫感兴趣，给自己的娃娃缝几件衣服，甚至偶尔给自己缝一件。因此，这时候也许可以给孩子提供一架廉价缝纫机了。孩子遇到针线打结等麻烦的时候，妈妈应该及时出手相助，否则孩子很快就会觉得厌倦。她们对毛线编织的兴趣也许不再像 10 岁的时候那么浓厚。

男孩子喜欢在各种玩耍之中加入他自己丰富的想象。他可以设计出各种各样的打仗游戏以及打球游戏。有少数孩子喜欢乒乓球或者网球，还有些孩子喜欢用软木子弹打靶，他们还喜欢摆弄电动火车以及化学实验用具。

❖ 俱乐部和露营活动

有组织的俱乐部活动仍然受大多数男生的青睐，不过有少数更为成熟的孩子也许已经开始对这种"无聊"的活动撇嘴了。如果能够多多征求孩子的意见，活动项目尽量围绕孩子的兴趣来安排，也就是不断变换花样，那么 11 岁的少年也许会对这种有组织的活动更感兴趣。许多孩子选择继续参加这类俱乐部活动无非是因为他觉得应该这么做而已，而他们的心却往往已经不在这上面了。除此之外，孩子自己组织的小圈子也一样维持不了多久。到了该参加活动的时候，总有人缺席或者忘记按时付款，而按时付款则可能远远比选举头目更为重要。

跟 10 岁的时候相比，11 岁的孩子已经不再热衷于想要把自己的俱乐部理想化。对 11 岁的少年来说，俱乐部就是吃吃喝喝，就是"远离男生的打扰"，或者干脆就是一个字"玩"。孩子们已不在意是否能"提高自己"了。

❖ 阅读

读书的兴趣，不同性格的孩子在这一点上差别很大。如果他 10 岁的时候就很喜欢读书，那么现在他读书的兴趣可能更浓厚，而且晚上上床之后还要再挤点时间出来看看书。有时候也许需要父母把台灯拿走，免得孩子继续这么看下去。只不过，如果孩子能找到手电筒的话，他可能会猫在被窝里继续读。即使是那些以前很少读书的孩子，到了 11 岁的时候也会读得更多一些。他的阅读兴趣跟 10 岁的时候相差不大，比如对动物、昆虫、大自然等的故事非常感兴趣。他喜欢的小宠物这时候也拓展到了天竺鼠、仓鼠、乌龟、小鱼等。

11 岁的少年常常喜欢翻翻最近的新闻杂志，以确保自己能与时俱进。对漫画书的兴趣这时已经淡了下来。假如某个孩子仍然喜欢看漫画的话，那么他也不会什么都看了，而是有所选择。

❖ 需要久坐的视听活动

对看电视以及听音乐的兴趣，到了 11 岁仍然丝毫不减。这个年龄的孩子，如果父母允许的话，甚至写作业的时候、睡觉的时候，都要开着他的收音机。女孩子喜欢的电视节目包括喜剧片以及情景喜剧；男孩子则喜欢喜剧以及运动类节目。大多数女孩子已经不再对卡通片感兴趣，不过男孩子仍然喜欢。

虽然收音机中的音乐仍然很受欢迎，不过 11 岁的孩子更喜欢听碟片。而且，他对音乐的兴趣已经开始转向了摇滚乐。

相较于一年前，许多人这时候变得喜欢去看电影。大致上来说一个星期会去看两三次，而且大多数孩子至少会偶尔去看看电影。不少孩子仍然由父母陪着一起去看，不过越来越多的少年现在会跟朋友一起去看电影了。

❖ 吸烟、喝酒、吸毒

吸烟：在这个年龄段，有 75% 的女生、46% 的男生承认，他们认识的人当中有人吸烟。很有可能男孩子回答这一问题的时候没有女生那么诚实。这个年龄的孩子如果吸烟，大多数情况下只是偶而为之。而且，有些孩子知道有人吸烟，这并不代表大多数孩子都真在吸烟。

喝酒：大多数人现在都认为，只要不太过分，成年人喝点酒没什么关系，比如"只喝一点啤酒"或者"只喝一点鸡尾酒"。不到 ⅓ 的男孩以及女孩声称他们认识的朋友当中有人喝酒（这个数据应该比 10 岁时候的数据更可信一些）。

吸毒： 根据孩子们的汇报，"朋友"吸毒的数量略微有一点点增加。21% 的女孩子以及 31% 的男孩子表示他们有朋友吸毒，至少是有人偶尔使用毒品。大多数孩子并不确切知道别人都用了什么毒品、用到了什么剂量。54% 的女孩子不知道别人吸毒的频繁程度，38% 的女孩子说只是偶而为之。67% 的男孩子不知道别人吸毒的频繁程度，21% 的男孩子说只是偶而为之。97% 的女孩子以及 77% 的男孩子都说不知道别人用了哪种毒品。

所有男孩女孩当中，只有 9% 的人报告说，他自己的朋友或者同龄人有人因为吸毒或者喝酒而招惹了麻烦。一个 11 岁的女孩子回答我们的问题时这么说："我的朋友没有一个吸毒的。我的朋友都是很好的人。"

8. 学校生活：对老师要求十分严格

10岁的时候，在学校里放松的、愉快的、好学的劲头，到了11岁则变成了善于指责批评、有诸多要求，而且看法和说法都很尖刻。假如一个学生站在你的一边，那么他一定全力支持你；但是一旦他站到你的对立面，那么你千万要小心，而且最好看看你能否把局面扭转过来。

尽管许多11岁孩子对上学充满热情，甚至比他10岁的时候更喜欢学习，因为"进度更快了"；但是，仍然有太多的学生一提到学校就会告诉你那是他的"麻烦"之一。他对学校的评价是"我不认同我的学校""我以我的学校为耻"。

11岁孩子上学的主要目的，显而易见就是为了其他"小孩"。哪怕他跟别人的相处并不融洽，可是他对同龄人的需要十分强烈。对待同学，他会讥笑嘲讽、推推搡搡，会抢别人东西，还会追着人家打。有时候他不知道这会给别人带来多大的伤害，有时候他则是故意要这么去伤人。可也有的时候他会善意地用胳膊肘捅捅邻桌，打个招呼。在学校走廊里你常常可以看见同性别的孩子勾肩搭背地走来走去。

11岁的学生喜欢三五成群聚在一起。这可不是随意的扎堆，他们会故意一起去干一些坏事。有时候，为了排斥一个不那么受欢迎的成员，这个小组可能会忽然解散，然而，核心人物会重新召集原来的小团队，却不见得会允许那个遭到排斥的人再次进入他们的领地。

对11岁孩子来说，老师也许是校园生活中一个最为重要的因素。虽然11岁的学生不喜欢被"铁腕"所控制，但是，他却又真心愿意有一个"厉害"的老师，一个能给他提供挑战机会的老师。他最讨厌的老师，是把他"看成小孩子"的老师。不过呢，同一个老师，却又可能在其他时候被他指责为"简直莫名其妙"。也许一个老师最让11岁学生感到摄人心魄的本事，是他或者她能够说些笑话，讲些很搞笑的故事。比如说，"马的智慧"意思是指"它不会把赌注压在人身上，这正是马的明智"，这样的幽默会逗得11岁的学生捧腹大笑。在私人场合下，老师逮着某个合适的机会嘲讽学生几句，他也能欣然接受。不过，当老师的需要随时提醒自己玩笑不可开得过分，以免招惹学生不乐意，甚至招来个反唇相讥。

如果你是一个很有耐心、讲求公平、风趣幽默、不太严厉、能理解自己、能"把什么都变得很有趣"，而且还不会大声吼叫的老师，那么 11 岁的孩子会非常喜欢你，而且会毫不掩饰自己的喜爱之情。他还会常常暗恋上这样的老师。比起以前，男孩子更善于表达自己的喜爱——用实际行动为老师做点什么，比如送给她一份礼物、放学后留下来帮帮她的忙等诸如此类的事。

假如老师在学生心目中的形象是"吹毛求疵"，那么 6 年级教室里显然就会是另一种氛围。"天呀，她太讨厌了！""她又吼又叫的，超严厉！"实际上，只要我们愿意倾听孩子的意见，11 岁的学生能够相当清晰地告诉我们，老师什么地方做得不够好。这是一个 11 岁小姑娘的陈述：

"你猜我想做什么？不是等我长大以后，而是就在此刻的某一天。我想要当老师，以其人之道还其人之身，让我的老师尝尝苦头。我要让她整天坐在椅子上，拴在那里动弹不得。然后我要让她做比登天还难的功课。她说一分钟的话都不行。这就是她对我们做的事情。然后我会对她说，'哎哟，小朋友，你不可以做这做那。'我还会给她一张地图，让她找出每一个最小的城市，让她默写最难最难的单词，让她一口气解答 25 分钟的算术难题，然后，我会当着全班的面大声把她的成绩念出来，还要让她打扫教室，干所有最脏的活儿。等她全都做完了，我才会放她回家。"

假如老师或者学校能改正所有这些错误（如果她真那么做了的话），那么，在一个更为健康的环境之中，11 岁学生的阳光面就能得到机会茁壮成长。固然不可能指望教室里从此风平浪静，但是至少能与 11 岁少年的成长特性相吻合。

我们不妨来分析一下 11 岁学生在学校里的表现，看看他的行为如何更充分地彰显出他的特性来。5 年级的时候平和的教室氛围现在却忽然炸了锅，如果一个老师能够明白其中的原因，那么你自然有充分的心理准备，面对一切可能出现的混乱局面。我们可以向你保证，11 岁的孩子对学习仍然充满了热情，还没有像将来 13 岁以后那样可能已经"厌烦"了。

由于 11 岁的孩子不但早晨不肯起，而且随便做什么事情都可能产生摩擦，因此，他有的时候上学时不但没有吃早饭，而且衣衫不整，甚至满腔秽气。腹中空空，孩子自然表现得会比平常更糟糕。学校最好能在上午为学生们提供一次课间点心。

假如老师发现某个孩子总也理解不了你的讲解，明智的做法是请另一个学生来帮忙解答。还有，如果男生和女生分班上课，课堂上会减少很多的摩擦和纠纷、装愣充傻、咕咕窃笑。

在 6 年级的教室里，孩子如坐针毡、躁动不安其实是很常见的现象。我们应该允许 11 岁的学生在教室里说说话、走动走动，当然我们不能允许他去打扰别人的学习。如果能给孩子一定的自由度，那么学生之间递纸条、相互诋毁，诸如"唐尼臭死了""他太笨了"等，都会减少很多。

还有，11 岁学生最显著的特点是他们都喜欢健身活动，喜欢各种运动。打棒球很受欢迎，另外踢足球、打排球、扔橄榄球等都很受欢迎。男孩子和女孩子在球场上、健身房里都喜欢分开来各玩各的。男生中的"笨蛋"已经够其他男生花力气来容忍了，若要再给他们添几个"拖后腿"的女生，他们则绝对不干。

组队的时候，大家往往先挑选最优秀的好手，其次挑选自己的朋友。对抗赛一定要有老师的督导，因为 11 岁的孩子个个都是挑剔且严厉的监工。假如某个队员错失了一个球，那么你会听到立即有人骂他"你个笨蛋"，甚至还会威胁他说："你根本都没想要去抢到那个球！你要是不想去抢球，那就别在我的球队里！"在家里，父母有时候为自己 11 岁孩子的言行感到羞愧。在学校里，老师也一样可能为 11 岁学生的举止觉得无地自容。球场上，男生们有可能不需要什么理由就拳脚相加，有时候必须有人上前把他们分开。11 岁的孩子还没有达到充分文明进化的程度，老师和队长需要帮助他，不但要指出他的做法不妥，而且还要指导他怎样做才能更好地解决冲突。

课堂教学既可能让人充满激情，又可能让人精疲力竭。假如一个老师热情洋溢而且充满爱心，假如她能感受并和学生一起投入到乐趣之中，那么学生会告诉你，"她能把我们推到前面，而不是拖我们的后腿"。你很快能明白，如果给学生建立起一定的作息规律，让他知道老师对他的期望是什么、功课要求有些什么不同、一天一天的计划安排都有些什么内容，那么11岁孩子其实都能表现得相当不错。

11岁的少年热衷于各种形式的竞争。他能为了"打败最好的朋友而想破自己的脑袋"。孩子最喜欢的竞争方式，是跟自己同性别的人相对抗。不仅仅是单词默写、解答算术题，甚至连历史知识等其他科目的内容也都可以用来做对抗赛。

解答算数题的时候，问题也许相当复杂，不过11岁的少年很享受加加减减的运算过程，而且，尤其愿意展示他记忆九九乘法表的熟练程度。要解释单词，也许不见得比他解答算术题更容易。他喜欢遣词造句，喜欢把某个词用于文章当中，也喜欢把一个词细分成许多个音节，可就是不喜欢解释词义。

没有什么比讲故事更能抓住11岁学生的心了。探险故事也好，甚至是"无厘头"的故事，都好。做读书总结的时候，他更喜欢口头叙述而不是笔头写作，口述的时候往往滔滔不绝地刹不住车。相对于历史事件而言，他对当前发生的事情更感兴趣，而且喜欢对照地图，寻找报纸的新闻报道中提到的地名。在任何时候，11 岁的学生都更希望他的功课内容能够跟当前的现实生活有关联。

11 岁孩子也喜欢画画，特别是画与故事和项目有关的画。而且他还喜欢给他的图画加上长长的、连续的装饰框，装饰图形往往是他自己想象出来的，而不喜欢去照搬别人的风格。你若是交给他一个项目去做，他会以满腔的热情去搜集资料，动手制作展示板，而且还会精雕细琢地进行艺术处理。

但是，哪怕老师的策划和授课都是一流的，11 岁的学生仍然很容易就倦怠下来，其结果就是孩子的学习效果显得参差不齐。第一天他可能学得非常好，第二天他却好像不太学得进去。11 岁孩子有可能因为定期生病而缺勤，而且缺勤的日子跟未来三年相比，肯定算是最多的。他的体温也会不断变化，一会儿觉得热，一会儿觉得冷，以至于他要不断地开窗、关窗。到了下午快要放学的时候，11 岁的孩子往往显得疲倦而且心慌意乱，而且一放学就会撒腿往家跑。

孩子的这种疲倦的模式，跟他 5 岁以及 6 岁半的时候很相像。如果学校有半天没有安排课程（估计这不太可能发生），一个明智的妈妈可以考虑为 11 岁的孩子安排半天的休息。

9. 道德意识：道德感增强，讲究公平

　　11岁的少年不但正从儿童世界里脱离出来，而且正实实在在地在进入成年人的世界，因此他会不断地东冲西闯，企图确定他自己的人生进程。他希望挣脱过去在家中、在学校里、在教堂里一贯的权威约束，渴望能够自己解决问题。大多数这个年龄的孩子在道德方面对自己的要求比10岁的时候松懈了不少（至少也是改变了不少），他需要更多的自由来做他自己的决定。

　　实际上11岁的孩子往往会尽力把事情做好。少男少女们会"尽量讲真话""尽量做得正确""尽量不骂脏话"。他常常知道什么叫作正确，尽管他并非总能做得到。他也常常迷惑

于对与错，这时候会根据他的感觉和常识，以及父母一向的教导，来决定他的动向。一些被父母管得太严格而显得过于听话的孩子，会被他的同龄人讥笑为"懦夫""胆小鬼"。11岁的少年能清楚地意识到他正在面对一个两难之选：是跟同龄人一起随波逐流，还是坚守自己应有的道德观念。

11岁孩子很在乎道德感，因此，假如他做错了什么事情，他会忐忑不安。对这个年纪的孩子来说，最首要的道德理念恐怕就是讲究"公平"。可是另一方面，大多数11岁的孩子却又不那么在乎听取别人的理由："我更愿意按我自己的想法去做，我可不是一个很容易就被说服的人。""你劝不动我的。我肯定坚持我自己的做法。"不过，假如他真做了什么错事，他往往会装在心里难以放下，这种反思的结果，有可能导致两种完全相反的态度：要么对妈妈坦白交代，要么一心报复。

11岁的少年并不会因为事实而感到害怕。他更关心的是怎么说才能更好地保护他自己。孩子不是有意撒谎，他只不过是为了能遮开某些麻烦。假如他做了什么让他觉得无地自容的事情，他会矢口否认，然后会默默地在心里祈祷老天保佑他的谎言不被戳破。有些11岁孩子一旦做错了什么就会不自觉地怪罪到别人身上，用责怪别人来遮掩或者推脱自己的不是。不过，总的来说，在大的事情上，11岁的孩子往往能够讲真话。

他对别人骂脏话、酗酒的容忍度，跟10岁的时候相比更宽容了一些。女孩子仍然讨厌别人说脏话，不过她自己却偶尔会朝父母来几句，免得父母不记得骂脏话有多么让人生气。而且偶尔骂一句脏话，会"显得像个大人"。男孩子也很看不惯对别人骂脏话，但是自己生气的时候也还是会口出秽言。说到酗酒，只要成年人不至于太狂饮狂醉，11岁孩子对此还是比较能容忍的。他觉得成年人喝点鸡尾酒没什么关系，但如果像一口气喝一瓶威士忌那样真正意义上的酗酒，孩子就会觉得这实在太不像话了。

真正能让一个11岁的少年觉得义愤填膺的行为是欺瞒与偷窃。这些孩子对这种事情的忌恨程度如此之高，有可能是因为对自己过去的欺瞒行为以及想要欺瞒的心理感到愧疚，或者，不管怎样，这类行为总是挂在他的心上，以至于他常常会跟妈妈说谁谁又干了坏事了。

男孩子欺瞒的行为可能多一些，而女孩子则有可能去偷人家东西，尤其是在面对商店货架上琳琅满目的商品的时候。有时候为了达到目的，她们会三四个人一起去商店里偷东西。这群孩子通常有一个头儿，而且她的道德意识往往还不够成熟。很多女孩子不愿意与这样的人为伍，认为她们的偷窃行为"太恶心了",不过也有些孩子想要体会一下这类把戏的刺激性。通常来说，一次这样的经历，尤其是一次被抓住的经历，就足以让她不会再去商店偷东西了。如果商店、学校、家长能够意识到 11 岁以及 12 岁孩子容易产生这样的问题，从而防微杜渐、采取措施，则有利于帮助孩子的成长。如果年幼的"小偷"在商店里被当场抓获，其影响将是非常巨大的，而整件事情的处理既要非常严肃又要足够人道，既应该知会家长，也应该执行法规。我们既要让走到了可怕悬崖边上的孩子真正感到惧怕，又要让她感受到爱她的人、希望帮助她改正错误的人对她的爱护。与此同时，她也必须学会勇于对自己的行为承担责任，懂得如何能赢得别人的尊重，如何能对得起社会所给予她的权益。假如让这样的恶劣行径得逞了，那将是一件很糟糕的事情，孩子有可能因此而变本加厉，在这条邪路上越滑越远。

说到政治，不论男女，有一半的孩子相信大多数政治家都很不诚实。有略微超过一半的 11 岁少年认为将来他们要为改变这个国家的现状而做些什么，也有略微超过一半的孩子对本国消除种族差别待遇的努力感到满意。

Chapter 4

12 岁孩子的
成长与发育状况

　　12 岁的少年又重新进入了和顺期。让大人担心、忧虑和气恼的特征也消失不见了。12 岁的他能够容忍别人身上的瑕疵，不再对他人做硬性的要求，对老师的态度也不会像 11 岁时那样吹毛求疵。这阶段他们虽然活泼开朗，但性格却也沉静了不少，之前的他们精力旺盛得不知道怎么发泄，现在的他们更喜欢把精力专注于某一件事情上。12 岁的孩子在人际关系上有了很大的改观，他变得主动起来。总体来说，12 岁是一个让大人们很省心的年龄。

1. 成熟状况：性格和行为都处于较为理想的状态

暴风雨之后就是灿烂阳光，在经过吹毛求疵、惹是生非、善于抗拒的11岁之后，孩子进入了平和的12岁。男孩也好，女孩也好，都从不同方面进入了父母的理想境地。从爸爸妈妈的角度来看，一个典型的12岁孩子最为可爱的地方，是由于他有了充足的安全感而恬然自怡，因此他变得能够容忍别人的不完美。他会容许妈妈犯错误，宽容她偶尔不够好的脾气。比如说，有位妈妈某次显得烦躁而气恼，她女儿就这么安慰她说："妈妈，我知道你头疼的时候免不了心烦。"实际上，妈妈对她的12岁孩子典型而正确的描述就是宽容、有同情心，而且友善。

有些妈妈也会从另一方面来描述她的 12 岁孩子：孩子仿佛刚刚艰难地爬上了一道很高的斜坡，累得气喘吁吁浑身酸疼，这时候他只有一点点力气来对付他自己手上的麻烦，再也没有多余的精力来折腾别的事情了。生活的确很不容易啊！

忽然之间，这孩子爬到了坡顶，一切艰难都过去了，环顾四周，风景这边独好。因此，艰难挣扎的 11 岁之后，12 岁的孩子忽然就达到了一个新的层次，内心充满了恬然、欣慰和安详。现在他和直系亲人之间（少数弟弟妹妹除外）的关系大多数时候都相当的和谐。

典型的 12 岁少年跟妈妈之间的关系友善，而且保持着若即若离的状态，这无疑为整个家庭增添了一份和谐。他不再像一只雕一样凶悍地盯着他妈妈，随时准备对着她最轻微的错误或者疏漏狠狠地啄上一口。这时，假如有个女孩子跟妈妈以及妈妈的朋友一起去逛商店，你会听见她平和地说道：'当妈妈对她的孩子说'好的，我的亲乖乖'，而她的眼睛却根本没有留意人家手上拿的是什么东西时，孩子怎么能不觉得十分好笑呢？"这要是换了 11 岁的孩子，那还不跟你咬上了："你根本就没看，你根本不在乎，你对此一点儿也不感兴趣。"

在很大程度上来说，12 岁的少年已经能够容许父母过他们自己的生活。爸爸也很享受 12 岁孩子用友善而安详的心态对待他，不过，由于 11 岁孩子对爸爸可比对妈妈好得多了，因此爸爸往往注意不到 12 岁孩子对他的态度的变化，更谈不上对此表示欣赏了。

对妈妈来说，自己的儿子或者女儿在家里瞎掺和的时间少了很多，这无疑让她大大松了一口气。假如你的 12 岁少年告诉你说，"我喜欢跟家里人在一起，可是我也喜欢出去找我的朋友玩"，妈妈心里想的一定是"太好了"。有位孩子的爸爸对我们说："我们的家就像是一艘帆船，一路行驶过来，我们家所有人都在这艘帆船里。如今桑迪 12 岁了，可是她有时候却不再想跟我们一起航行了，这使得我们的帆船之乐大打折扣。"

在其他许多年龄段里，最明显是在 2 岁半、6 岁、11 岁的时候，孩子会一心要跟妈妈分离开来。从家庭脱离出来，这种行为固然是正常而且必要的，可是孩子的这种努力却像是一场相当痛苦的拉锯战。而 12 岁孩子的美好则仅仅是他温和地退后了一步，以宽容的、若即若离的心态来对待他的父母，只不过要求星期天全家人都骑车出去玩的时候，允许他独自留在家里而已。

孩子这种越来越和顺的气质，甚至在学校里也能感受得到。12 岁的学生，安详、平和、开朗，面对升入初中后一片混乱，又是换教室又是频繁更换老师的局面，却往往能够适应得很好。（译者注：在美国，6 年级以下的小学教学制度是一个老师带一个班，孩子在固定的教室里跟固定的老师一起上课；到了 7 年级，也就是进入了初中，则是崭新的教学模式：不同的课程由不同的老师在不同的教室里讲授，学生们需要频频转战于不同的教室之间，而且要面对不同的老师。）

但是，对于那些 11 岁就升入初中的孩子来说，这样的教学模式就变得很难以适应。11 岁的孩子需要他自己的老师，需要在他自己的教室里上课，初中环境对他来说过于错综复杂了。

大多数的 12 岁孩子在班级里的表现都有进步，他变得更合作，不再像 11 岁时那般懒惰、抗拒、气势汹汹。不过，许多老师也反映，虽然作为个体，12 岁孩子变得更容易相处，但是作为一个团体他们的行为还是有些让人不敢恭维。他们之间往往会相互煽风点火。

跟兄弟姐妹之间的关系有所进步，尽管进步幅度并不算大。跟 4 岁以下的弟弟妹妹以及 16 岁以上的哥哥姐姐之间，12 岁孩子大多相处得不错。不过跟其他孩子就难说了，从一天只争吵一次到"战火连绵不绝"都是有可能的。有的孩子会告诉你说："我想我不得不说，我还是喜欢他们的。"也有的孩子会告诉你说："我也喜欢我的狗。"

跟朋友之间的相处则另有不同，那是他获取支持和快乐的源泉之一。大多数 12 岁孩子已经拥有了一大帮朋友，而且他们之间的友情可以说大多是相当融洽的。很自然的，他也会对朋友有一些批评或者评价，"他是在吹牛""她有些傻乎乎的"等诸如此类的话，当然也免不了会有一些诅咒谩骂。

不过，如果朋友之间的关系破裂了，关系会渐渐地疏离，而不像 11 岁时那样会因为一场争吵而骤然破裂。虽然还只是 12 岁的小少年，有些孩子已经发觉自己在品位和兴趣上面的变化有可能比朋友更快。比如说，"她太能假正经了。我以前也是那副德行，不过现在不再那样了。"

说到跟异性同龄人之间的关系，比较晚熟的 12 岁孩子有可能仍然很强烈地反感对方（女生反感男生，男生反感女生）："好没意思的人""没有用的家伙们"。但是，大多数 12 岁的孩子已经表露出了对对方明显的友善和兴趣："嗯，有一个男孩子我挺喜欢的。""我朋友有了一个女朋友，所以我也找了一个女朋友；可是他跟她散了，所以我也跟她散了。"

尽管有些孩子对异性仍然是一副淡漠的心态，但我们所研究的 12 岁孩子当中，有 ⅓ 左右声称他们曾经或者正在约会，而且，34% 的女生以及 52% 的男生说他们准备去约会了。

至于说在男孩女孩都参与的派对上的行为表现，我们很容易看出这个年龄段女孩子的早熟和男孩子的晚熟。大多数参加派对的女生心里都期待着能遇到某种浪漫故事。而男生，总的来说，却是为了吃吃喝喝、打打闹闹而来的。他们许多人对小女生的意图很是不屑，说她们"愚蠢而且讨厌"。

跟家长之外的成年人的关系也融洽了很多，这一点通过我们访谈 12 岁孩子时他们的热情响应而展露无遗："这太好玩儿了！""我简直被你们众星拱月了！"要么就很有风度地夸奖我们说："你这里布置得真不错。"他还会问我们："告诉我，你觉得跟孩子打交道有趣吗？"我们应该承认，11 岁的孩子在访谈时对我们的态度也同样友善。但不同的地方在于，11 岁孩子只跟你谈论他自己，而 12 岁的孩子却对琢磨你感兴趣。

在 12 岁孩子身上，一个更加引人注意的成熟之处在于，他不但对自己的表现很感兴趣，而且对别人怎么回应也很感兴趣。面对操作测试的访谈工作人员，他会问我们："其他孩子都是怎么回答的？"他也对自己的过去很感兴趣："去年这个问题我是怎么回答的？"

许多女孩子在 12 岁期间经历了她们的初潮，这标志着女孩子在性发育方面的进一步成熟。男生的生理发育有很大的个体差异，不过以中间水平来衡量，我们可以看得见青春期的明显征兆。孩子对性的兴趣愈发浓厚，而且他也不再像以前那样把性看得那么"脏"了。少男少女都想要得到有关这方面的讯息，也都想要纠正自己过去的错误观念。

他对未来的设想已经毋庸置疑地包括了异性。有 ¾ 的少年向我们表示，将来他们不但打算结婚，而且还想要孩子。（另外，有关未来的设想方面，尽管我们此项研究的最后一组 1000 余名访谈学生的家庭背景各不相同，仍然有 ¾ 的女生和 ⅔ 的男生表示将来他们打算或者希望上大学。）

典型的 12 岁孩子对抽烟喝酒等这类世俗间一般成年人不太愿意谈论的东西涉足了多少呢？由于家庭以及学校背景的不同，再加上每个人本身的性格差异，要做出这一评估真的有些难度。不过，根据我们的调研数据，接受我们访谈的孩子当中，大约 ¾ 的孩子声称他自己或者朋友在吸烟，略微超过半数的孩子表示他自己或者朋友喝含酒精的饮料，有将近 ⅓ 的孩子声称他自己或者朋友在使用毒品。

在道德观念方面，典型 12 岁少年的态度跟不久之前相比，已经大相径庭。他对同学可能会有的反应有很好的观察力：“我不算坏，可我也不算太好。假如你做得太好了，别人反而都讨厌你。”也许，正是为了能跟其他孩子相处下去，使得 12 岁的孩子跟一群人在一起的时候，比如在学校里，甚至包括星期天的教堂儿童班里，会故意举止粗鲁、行为不当。

不少孩子承认，即使没有群体的影响，他有时候也会做错事。许多孩子承认“良心”使他感到不安，而且跟以前相比，他往往更倾向于自己琢磨出怎么做才是对或者错。还有，针对“对与错”的判断，他也不再像过去那般依赖于妈妈怎么说了。在道德意识方面的一个巨大的进步，是 12 岁的孩子做错了的时候能够接受别人的指责了，他们会说，“假如我不认错的话，别人就不会喜欢我了”。

另一方面，对欺瞒以及偷窃行为的态度，也不再像以前那般绝不容忍了。说到欺瞒时，许多孩子都会这么说：“谁都这么做。”至于偷窃，只有极少数孩子承认偷东西是“为了好玩”，而大多数都声称他知道别的男生或女生也干过这事。（我们调研的内容没有包括公然抢劫。）

关于种族，假如我们访谈中所得到的应答的确代表了 12 岁孩子的真实感受的话，当今世界的种族关系可真让这个年龄的孩子挂怀。不论是男生还是女生，对此的评价都很低，都认为本国在消除种族差异方面做得很不够。比 11 岁时更高比例的孩子认为（女生 61%，男生 59%），大多数的政治家都不诚实。让人感动的是，55% 的女生和 61% 的男生认定，等他们长大之后，应该为改进社会及政治现状做些努力。

假如有人想用一个词来概述典型的 12 岁孩子的情绪反应的话，那应该是"炽热"二字。男孩也好，女孩也好，对任何事情都是要么爱之深，要么恨之切，很少有缓和的中间地段。尽管如此，因愤怒而发作的现象却减少了。遇事诉诸武力，对许多 12 岁孩子来说，这恐怕就是最后一年了。不少孩子只是"坐而怒之"，要么就只给予嘴上的还击，诸如"骂他一顿""扔给他几句脏话"。若是生了老师的气，他往往也只是在心底里发发狠而已。

这个年龄的孩子往往有相当不错的幽默感。虽然他的幽默感还远不够成人级别，不过以一个成人的眼光来看，他已经比过去幽默多了。这种幽默他大多用在了嘲弄自己的朋友上。他的黄色笑话如今会更多一些，会涉及性的字眼，而不再像过去那样以有关"排泄"的字眼为主了。

总而言之，要说 12 岁孩子对自己有些什么看法的话，恐怕他们大多数都应该对自己的个性感到满意。这一点我们可以通过他对自己、对别人的看法而看得真切：他现在既不认为自己完美，也不指望别人完美。等他再长大一点，他会拿自己去跟别人做比较，并因此而看低自己，这会搞得他在未来的数年之内都很不自在。好在，现在他尚未开始这样去想。12 岁是一个相当美好的年龄段，不仅仅是成长中的少男少女自己，就连生活在他们周围的所有人都能感到一份心满意足、怡然自得。

2. 人体机能体系：青春期初期各项特征凸显

满腔愤懑、满腹怨气、满嘴牢骚、满身能量的 11 岁孩子，到了 12 岁时，变得沉静下来。他现在更有能力控制好自己的能量，只不过这种控制似乎又走到了另一个极端：过去那种不断地要做这做那、不达目的誓不罢休的劲头，现在却往往变成了没有目的、悠闲的"瞎晃"。当然，"炽热"二字毕竟是 12 岁少年的主要特征。对男孩子来说，这份炽热主要放到了各类运动之上，棒球是最为流行的项目之一。即使是那些不太擅长这一活动的男生，这份炽热也使得他对自己所想所做的任何事情都染上了一层更为浓厚的兴致。女孩子的炽热则集中在照顾小孩子的热切渴望和浓厚乐趣之上。

剧烈活动之后，有些孩子会累得瘫下来，而且很不容易恢复。跟他 11 岁的时候一样，孩子会忽然之间就感到十分疲倦，甚至有可能得一场感冒，需要休息一两天才能恢复。还有些人则通过平和的途径，高频率小剂量地逐渐宣泄掉紧张的情绪，那些放松地"瞎晃"的孩子往往能更好地把紧张情绪宣泄出来。假如我们太频繁地敦促孩子更有效地好好利用时间，反而容易导致他们正在恢复元气的身体机制失调，从而阻挠了孩子精力的尽快复原。

12 岁孩子行为模式的变化，在我们的访谈中显得十分清晰。这个年龄孩子的表现跟他 11 岁的时候完全不一样。他会满腔热忱地频频打断我们的对话，来上一句赞叹："这太好玩了！"而且，在你来我往的问答之中，他以更为平和的态度，参与得更投入。他在椅子里坐得更稳当了。不过，这并不意味着他能一点晃动也没有安稳地坐在那里。他的手还是会忙忙碌碌，东摸摸西碰碰，还要摆弄一下某件东西后面牵连着的东西，比如电话线。好在不论男孩子还是女孩子，这时候都不再像当年 11 岁时候那样，要站起来满屋子勘探一番，取而代之的，是他会不断地来几句评论，或者就他看到的东西问几个中肯的问题。他的"马达驱动力"换到了低挡，他不再强烈地需要去触摸并感知所有他看到的东西。这表明 12 岁的孩子已经具备了新的抽象感知能力，使得他的行动进入了更大的空间，具备了更多的灵活性。物体对孩子的控制变得更小了，孩子对物体的控制变得更大了。

12岁的少年，更能清楚地意识到在我们的访谈中他自己都说了些什么，而且可能会咕哝几句（带着喜悦，真的），比如，当他发现我们的访谈记录连他的"开场白"都要记录下来的时候（比如，"呃，这个……""嘿嘿，那个……"等）。他的应答相当迅速，但是显然比11岁时更加深思熟虑。而他给出的答案，不但真是他自己的想法，而且清晰、有趣。说话时做鬼脸、扮怪相、戏剧化的夸张等，跟他11岁的时候相比，减少了许多。

在我们的访谈之中，12岁孩子显得很享受，而且很喜欢跟访谈员之间的互动。有时候他会睁大了眼睛，很积极地配合访谈员，热情洋溢滔滔不绝地说。

❖ 健康

尽管有些12岁少年的健康状况非常好，而且诸如感冒、支气管炎等疾病的患病率有所下降，但是，他却不见得能够一直维持良好的健康状态。固然他感到疲倦的频率比 11 岁时有所下降，但是，假如一个孩子痛恨一切，痛恨每个人都要来指使他做这做那，那么他很可能进入了一段极度疲倦的时期。这时候，让孩子彻底休学一天，是对孩子最有好处的做法。学校需要认识到孩子的这种疲倦需要休养，主动配合学生家长的要求，允许孩子在确实需要休假的时候缺勤一天。

跟 11 岁的时候一样，12 岁的孩子仍然可能意想不到地、忽然地感到身体的某个部位疼得很厉害。这样的疼痛可能出现在身体的任何部位，不过最常出现的地方是头部和腹部。这种疼痛有可能是孩子将要进入青春期的前兆，而且往往更容易发生在女孩子身上。12 岁孩子的脚会疼，这也跟他 11 岁的时候一样，只不过现在往往是脚后跟疼，给孩子换双鞋应该能减缓这类疼痛。他这时也需要学会更仔细地为自己挑选鞋子了。

当孩子因为太多的活动而感到负担过重的时候，他很容易患上感冒。一旦孩子真得了感冒，他会希望自己快点好起来，而不再像 11 岁时那样装病。

我们所调研的 12 岁孩子当中，80% 的女生、68% 的男生声称他们认识的一些"其他小孩"吸烟，而且首次出现一半以上的孩子（52%）表示有同龄人喝含有酒精的饮料（据这些孩子所说）。

大约 ⅓ 的孩子宣称他的朋友当中至少有一部分人使用毒品。不过，这些孩子并不能说清楚那些可能吸毒的人每隔多长时间吸食一次毒品、他们会用些什么样的毒品。因此，我们认为这一数据不会太准确。

❖ 紧张情绪的宣泄

12 岁孩子宣泄紧张情绪的动作大大减少，这说明这个年龄的孩子处于身心更为平衡的阶段。当然，仍然还有孩子会感到紧张，这时候他往往会清清喉咙、眨眨眼睛，有时候也会结巴上几句。咬指甲的动作现在只限于大拇指的指甲，而说话结巴的情况也仅限于某种特殊的、严苛的场合，比如在爸爸的注目之下。往往是当孩子感到劳累了的时候，他才会有这些宣泄动作。另外，这些宣泄动作不再伴随着 11 岁时常见的那种古怪的、迷茫似的表情。

❖ 视力

12 岁的少年开始关注他的视觉能力，并对此表示担心。在我们做视觉测试的时候，他会频频询问是否他的眼睛有什么不妥。那些已经有视觉不良症状的孩子，例如视力模糊或者眼睛疼而且伴随着头疼的孩子，自然格外关心自己的眼睛，而我们的视力检查则常常能发现一些掩藏在视力问题背后的症结。

在视觉能力上，12 岁的孩子现在有了更好的定睛（10 岁的特点）与聚焦（11 岁的特点）的综合能力。如果这两种能力综合实力不够，可能会削弱孩子的聚焦能力或者分辨能力，以至于在聚焦检测时他会看不清楚某些东西。每只眼睛的聚焦能力开始显示出不同水平，不过到了 14 岁的时候，孩子的双眼将重新滋生出共同协作的能力，每只眼睛的视力也会重新变得很接近。

假如孩子在 12 岁的时候定睛与聚焦的综合能力不够好，而孩子自己却意识不到，并且也没有任何症状的话，那么到了 14 岁的时候则可能显现出症状来，而到了那时候再做治疗（戴眼镜或者进行视力训练），效果会更好。

有关视力改善方面的问题（提高视觉协调功能），跟 10 岁和 11 岁的时候一样，仍然十分难以回答。12 岁的孩子往往愿意合作，尤其是在他家人要求做视力治疗的情况之下很合作。但是，这仍然不是孩子自己本身的愿望。他也许很不喜欢随时随地都要戴眼镜，觉得这会妨碍他参加各种活动。学习和读书的时候他会愿意戴眼镜，可是，把眼镜揣在包里拎来拎去也是一件麻烦事。孩子开始出现近视的倾向，跟9—11岁时相比，可能性现在低得多了。

❖ 女孩生理发育及性意识

中等发育水平的女孩往往在12岁的时候迈出她向年青女性发育的最大一步，她的体形及身体功能方面都会发生很大的变化。在青春期成长的过程当中，这一年是她的身高和体重增长最快的一个阶段。（到了12岁该结束时，平均来说女孩子往往已经达到了她自然成熟高度的95%。）因此，尽管体重增加了不少，和11岁的时候相比，许多女孩反而显得没那么"肉乎"了。

孩子的乳房清晰地充盈了起来，乳晕部分肤色开始变深。此外，部分女孩开始长出腋毛。在将近13岁的时候，大多数的女孩往往已经有了她的初潮。还有一项是人们很少提及但在少男少女中很常见的一个特征，就是这一阶段雀斑开始蓬勃生长。（以前也有一段时间孩子的雀斑十分明显：6岁的时候。那时候孩子的秉性和12岁孩子的也十分相像。）有些孩子的雀斑不是很多，但有些孩子却非常明显。

11 岁的女孩子对自己乳房发育拥有浓厚兴趣，可如今到了 12 岁，则变得有些淡漠了下来。尽管如此，她的自我意识还是使得她喜欢穿紧身毛衣，以炫耀她的成长发育。

而另一种浓厚的兴趣，如今则集中到了女生的月经上。有极少数的女孩子仍然在心理上不肯接受这一新的生理状况，她会把这一现象当作生活中一件糟糕透顶的、可怕的事情。不过，绝大多数的孩子还是期待着她的初潮早早到来，她已经为此做好了心理准备，尽管生理方面她尚不确知初潮什么时候能来，可是，她的心态已经到位了，而且她需要的用品也都已经准备好了。

月经刚开始的时候，量一般不大，而且没什么规律。通常来说这时候女孩子的经前预兆都很轻，因此她往往惊讶地发现裤子上有了点点斑痕。月经开始以后，有可能会暂停两三个月，但是妾着则可能是一次量很大的来潮。

刚来月经的女孩子们，通常不会像随后几年那样因为经前反应而出现性格变化。不过，仍然有少数女生在月经开始之前以及之中，让人觉得她"脾气有点臭"。

有关性方面的事情，女孩子往往比男孩子更倾向于找自己的妈妈，告诉妈妈她自己的想法、感受和体验，向妈妈提问题，希望得到妈妈的指教。我们所调研的 12 岁少女中，

68% 的女孩认为她已经知道了相当充足的性知识。

在这样的时候，妈妈一定要尽自己的能力给予孩子最好的回答。你不必详细分析你的观点，而是要帮助孩子对性尽可能有一个更为全面的了解。最重要的是，你可以帮助女儿了解她的这些新出现的感受都是很自然的现象，而她所听到的、看到的，甚至经历的性行为，都是你能够理解的，是孩子在成长过程中的必经之路。

❖ 男孩生理发育及性意识

跟 10 岁以及 11 岁的时候相比，男孩子在生理发育程度上的个体差异要大得多。很明显有人发育快很多，有人发育慢很多。发育快的孩子，远远比一般的 12 岁孩子要成熟得多；而发育慢的孩子，则自从 11 岁以后，好像再也没有怎么生长似的。发育状况居中的孩子，则通过方方面面的不同途径，很明显地显露出青春期的特征。很多孩子的阴茎和阴囊都显然又长大了好些，而且总体上来说，阴茎根部附近已经开始冒出长长的绒毛，里面会间或看到几根颜色更深、更粗的阴毛。

即使是那些发育状况居中的孩子，他们在青春期发育早期也存在巨大差异。比如说，有些孩子虽然生殖器明显变大，但是却还没有长出阴毛；另一些孩子则相反；还有些孩子则两种迹象都已经出现。在体格成长方面，也存在类似的情况，某些部位呈现出更多的变化，另一些部位则似乎没什么成长。青春期脂肪增长的花蕾有可能出现在 12 岁的时候，而且仅仅在这一时期就会绽放成盛开的花朵。许多男孩子在经历这一"变胖的过程"时感到十分难堪。如果我们能让孩子明白这种"脂肪增长"仅仅是短暂的阶段性现象，那么他的日子就会好过得多。

这时候，男孩子对性的兴趣，比过去有所增加。有些男生仍然会允许妈妈在他洗浴的时候进入洗浴间，自豪而愉快地向妈妈展示他新长出来的阴毛。不过，许多孩子觉得跟父母谈论性以及这方面的知识十分尴尬，偶尔听到父母提及"性"这个字眼时，都会闹个"大红脸"。

我们调研的少男当中，⅔ 的孩子认为他已经获得了足够多的性知识。

12 岁的男孩子对成年人的性行为不怎么感兴趣，他更主要是沉浸在他自己对性感兴趣的地方。通常来说他已经知道了什么叫射精（不过还没有体验过）。他开始更为完整地明白，性行为和生养宝宝是两个相当不同的事情。如果他是家里的幼子（没看见过妈妈生小孩），他有可能会去问他妈妈，自打他出生以后，她跟爸爸是否有过性交。

大多数男孩子不可避免地显露出了对女生的某种兴趣，不过有些孩子的这种兴趣来得快去得也快。这个年龄的孩子很喜欢参加学校的大集会。他这时偶尔会变得在乎自己的衣装，不过两天过后就又没了兴趣。总的来说，12岁的孩子最喜欢参加集体活动，不过很多人不会去亲吻女孩，除非是某种活动中允许的亲吻游戏，而且最好是在关灯之后。

生理勃起这时开始经常出现，既有可能并不因为任何外部刺激而自发勃起，也有可能因为各种各样的刺激导致勃起。妈妈这时往往能从儿子的口袋里发现裸体女孩的图片。跟其他男孩的闲聊或者打闹也有可能会刺激到他。另外，与性无关的任何其他的情绪刺激，尤其是恐惧感和愤怒感，都可能导致勃起。（这一现象到了青春期后期往往不再引起他的注意，但是，在11、12岁的时候却往往令他感到十分困惑。）另外，许多孩子这时也开始频频手淫，既可能是一个孩子自己做，也可能是一群孩子一起做。有些孩子开始喜欢钻回自己的房间，而且还要锁上门。当然，这并不意味着孩子只要关门就一定是去手淫。极少数的几个男孩子也许因为好奇或者好玩，已经跟大孩子有过一次试探性的同性游戏。也有可能是一个大男人，在小男孩并不知道他打算做什么的情况下，引诱了他。我们应该预先警告 12 岁的孩子（真正意义的警告，而不是戏说），尽可能保护我们的孩子不受伤害。

性的确让 12 岁的男孩子很感兴趣，而且他对此不再像 11 岁时那样觉得"脏"了。他想要知道得更多，他想要纠正自己过去的错误观念。如果一位心理辅导员能够允许孩子畅所欲言，而且能够率直地回答各种问题，许多男孩子都会愿意去跟辅导员谈谈。实际上他更情愿找这样友善的、不带感情色彩的人去谈论这样的话题，而不是找自己的父母，哪怕父母很坦率、给他很大信心也不行。如果他一定要找父母的话，那么他八成会去找妈妈，而不是去找爸爸。

妈妈的确是给孩子提供这类信息的最佳人选，因为孩子跟妈妈谈话的时候，不会感受到爸爸可能带给他的压力，比如他爸爸可能以他小时候的故事给孩子做表率，要求孩子以他为榜样、按他的高要求去做。在这样的谈话之中，妈妈可以这么跟孩子说："我就是这样去理解的。你所说的是发生在你身上的事情吗？还是你觉得会是那样的？"女孩子如果有了这方面的问题，自然而然会去找妈妈认真详谈。

有些 12 岁的孩子可能会觉得谈论生殖繁衍这方面的话题很不自在。如果父母或者心理辅导员没能给予孩子帮助，他会自己去四处搜罗有关信息，比如杂志、报纸、字典，以及相关故事。还有就是通过朋友去了解（不过往往是错误的讯息）。男生们往往会在一起较为无拘无束地闲谈，内容所及以群体知识所能涵盖的范围为限。他们也会说说流行于他们之间的黄色笑话，而且只对自己圈子里的人说。不过，同样的笑话往往总能够一代一代地流传下去。

3. 自我照料和日常作息：让大人省心不少

❖ 饮食

食欲： 在饮食方面，12岁孩子的胃口往往被描述为"无底洞"。不论他吃了多少，似乎永远觉得没吃饱。哪怕刚吃过一次大餐，每样东西都吃了两三回，可是回到家里他仍然直奔厨房，搜罗各种点心以及其他可吃的东西。这个年龄的孩子也许不像他11岁时那样总惦记着吃、谈论着吃，可是，他真是很有胃口，不论是吃饭还是吃点心。

有不少孩子早餐的时候没有什么胃口，结果在上午的课堂中却饿得一塌糊涂。如果能自己做些准备，去买些食物作为上午的重要补充，他一定巴不得能这么做。而父母也最好能为此而提高孩子的开销预算。在饥饿中挣扎的 12 岁孩子吃了点心以后，会奇迹般地恢复能量，整个情绪以及学习动力也都会大大改观，这往往让学校和老师大为惊讶。

放学以后，孩子往往回家先大吃一顿，而且这顿饱餐似乎完全不影响晚上正餐时的旺盛食欲。到了晚上该睡觉的时候，很大一部分孩子又会再次陷入饥饿之中，需要再次大吃一顿。看着孩子在厨房里"风卷残云"地吃东西，真是一件愉快的事情。不少孩子已经有本事自己做热狗、汉堡、双夹层巨型三明治等食物来犒劳自己。除非你已经对孩子灌输过什么是得体的吃相，否则他通常会倒上一大堆果酱，再舀一大汤勺花生酱糊到厚厚的夹层中，直到把他的三明治夹得结结实实，东西直往外掉，汤汁直往外滴。

尽管 12 岁少年的胃口着实巨大，他有可能开始限制自己在正餐以及茶点时的饮食。如果是一个体重已经超重的孩子，他有可能已经认识到要限制自己的饭量。比如减少一些他不怎么喜欢的甜点和其他食物。女孩子对自己的腰身更为在意，甚至勇敢地努力节食。当然，在更多的情况下孩子会把皮带松一松，自己糊弄自己一番。另外，12 岁的孩子也有可能因为替别人着想、为了给别人留下些食物而克制自己的食欲。11 岁的时候他有可能自己独吞掉整个馅饼，如今他至少会给别人留下一小块。

偏好与挑剔： 让人惊讶的是，12 岁孩子的胃口对食物很少有什么挑剔，而且他的食欲也不再像当初 11 岁的时候那样上下波动。土豆泥淋上些肉汁，就是很多孩子的"理想之餐"了。任何形式的肉食、甜食都会是他的最爱。当然也有些食物他至今仍然不喜欢吃，尤其是根茎类蔬菜、鱼类，以及加了奶油的菜式。好在 12 岁的孩子也不是完全一口不吃他不喜欢的东西，比如他会混同一块面包一起吞下去，或者用一大口牛奶冲下去。另外，有些孩子开始喜欢新的口味，例如蘑菇、洋蓟、煎苹果等。

餐桌礼仪： 我们这一小组的少年当中，餐桌礼仪不错的人是行为糟糕的人的两倍。而且，已经没有哪家父母还会说孩子的吃相"糟糕至极"了，相反，他们大多认为孩子的仪态"还行"，至少孩子的吃相不再像以前那般影响大家的进餐了。不过，吃饭时忍不住说话的欲望，常常使得他仍然会含着满口的食物说话，要么就是一边说话，一边在半空中挥舞比画手中的刀叉。另外，他有时候仍然会用手指头抓食，也常常需要父母提醒他把公碟传递给别人，或者不该伸手去拿某样东西。

帮厨： 12 岁的孩子不但对烹饪和烘焙感兴趣，愿意做他已经做成功过的菜式，而且还对整个帮忙准备食物的活动感兴趣。男孩子也好，女孩子也好，都喜欢在厨房里"晃悠"，看妈妈做菜，甚至能很有干劲地自己来烹制全家人的饭食。当然，他可能一边做一边频频叫妈妈，以确保自己的操作没有问题。

❖ 睡眠

就寝： 11 岁时候的"就寝战争"，现在大多已经消失了。虽然他还是常常需要提醒，不过总的来说他不再有意违抗。当然也有少数孩子比较顽固，需要父母施加更大的压力。也还有一部分孩子，会自己早早进入卧室，一边慢慢地准备就寝，一边读读书、听听收音机，甚至完成他的作业。抗拒少了，合作多了，12 岁孩子的就寝完全是一番新气象。通常来说他会在晚上 9 点 30 到 10 点上床，当然周末的时候或者偶遇特殊情况有可能延迟到夜里 11 点。而且 12 岁的孩子也能够"受得了"偶尔这样的睡眠不够，不至于第二天感到精神不振或者不舒服。

睡眠：12 岁的少年喜欢钻到被窝里去，不过这并不意味着他会很快入睡。虽然他不再说他怕黑或者害怕自己一个人待在小屋里，但是他常常喜欢备一个手电筒在枕边，要么就让收音机陪伴自己。入睡之前他的思绪有可能已经飘到自己英雄式丰功伟绩的幻想之中，有时候他也会想想白天发生的事情，以及那些他还没有做完的事情。

睡眠深度和 11 岁时相比不够好。孩子似乎睡得不太安稳，有时候夜里会说梦话。梦境往往是愉快的经历，要么离家不远，要么就是将来结婚后的美好生活。噩梦变少，但有时候依然会出现。偶尔他也会被吓醒，惊恐的梦境使得他钉在那里，一动也不敢动，甚至连翻个身都做不到。

晨起：11 岁的时候一大早起来就令人烦恼的"起床气"，这时候也让人欣慰地消失了。他可能会在起身之前多躺一会儿，不过通常来说他更愿意坐起来看看书、画点儿画，要么就是做昨天夜里因为太累了而没有来得及完成的作业。大体来说孩子一般在早上 7 点左右醒来。

❖ 洗澡、洗头发

11 岁时在洗浴方面的进步，现在做得更好了。人应该洗澡这一观念，终于进入了 12 岁少年的头脑之中，尤其是他浑身脏兮兮的时候就更是如此。他甚至能够为自己的一双脏脚丫而感到羞愧了。

不过，12 岁的孩子不抗拒洗澡的时候，也仅限于他认为需要洗澡了。当然，为了确保自己不至于脏到必须洗澡的程度，他也会很勤快，有时候甚至可以每天都洗澡。不过对大多数孩子来说，每星期洗上两三次就足够了。孩子理所当然更喜欢淋浴，而且通常来说洗浴都结束得相当迅速。不过也有些女孩子喜欢在浴盆里稍微泡一泡。

洗澡的过程当中不见得会洗耳朵，他可能还是需要妈妈叮嘱几句才行。

有些小姑娘仍然需要妈妈帮忙揉搓并冲洗头发。手指灵巧的小姑娘这时已经可以自己梳头了。

尽管洗澡看来没什么问题，但是饭前洗手却还是需要提醒。尤其是那些能把头发梳得整整齐齐，甚至还知道涂点口红的小姑娘，很可能需要你把她从餐桌上撵去洗手。刷牙已经不怎么需要提醒了，这项工作我们的 12 岁孩子已经掌控得挺好，只不过他有可能每天只在上床睡觉之前刷一次牙。

❖ 衣着与收拾房间

12 岁的孩子对自己的外形比以前在乎多了，他尤其在意同学们都穿了些什么衣服，而且总是随波逐流。假如某天流行围脖，女孩子就都想戴上围脖；假如某天流行宽松装或者牛仔服，女孩子则不愿意穿裙子。如果灯芯绒裤子流行，那么男孩子除了灯芯绒裤子之外什么都不肯穿。他们个个都希望自己的衣着"得体"。12 岁的孩子格外讲究什么要跟什么相匹配、相搭配，唯有穿在里面的衣服可以不必这么讲究。

12 岁孩子也很讲究衣服要穿着合身。有时候你不得不换上一整柜子的新衣服，因为这个年龄的少年个头长得实在太快了。孩子腰围的增加也预示着孩子的衣服尺码需要整个加大。有时候 12 岁的少年会使劲勒紧自己的皮带，以至于自己都快喘不上气来了。

有些女生会尽量把自己打扮得迷人一些。她喜欢涂口红，而且喜欢戴胸罩，哪怕实际上还并不需要。不过，也有一些女孩子不愿意自己发育得这么快、这么明显。

女孩子对首饰的选择一般来说都挺恰当。可是，不论她打扮得多么优雅，不论她之前在镜子跟前站了多久，许多小姑娘都能让人一眼看穿她的稚嫩：可能脖子或者指甲都还是黑乎乎的呢。

男孩子这时候特别在意的，是不能穿"女里女气"的衣装。他还不好意思穿亮晃晃的运动衫，不过他显然喜欢色泽明亮的方格衬衫，而且还可能喜欢用一个颜色让他喜欢，并且非常大方的领结作点缀。可是，某些正式场合下，比如去教堂或者参加派对，他虽然全身上下都穿戴得有模有样，脚上却还是一双破胶鞋。

给孩子买衣服不再是一件烦心事。父母和孩子因为衣服而闹意见的情况少了很多。12岁孩子比过去更有主见，知道自己要穿什么，不但是因为他长大了，有了更好的欣赏品位，也因为他需要在衣装上随大流。12岁的少年往往跟妈妈一起去买新衣服，女孩子尤其讲究要试穿一下，看看好不好看。如果妈妈替孩子买了衣服回来，那么你需要有思想准备，孩子也许因为不喜欢你的风格而要求退换。不过呢，12岁的孩子也是有商量余地的，正如孩子自己所说的那样："如果有了不同的看法，我们会解决。"

对于12岁少年来说，他的开头总归比结束时更好。换句话说，开始挑选衣服显然要比后来整理衣服更用心一些。偶尔他可能会多花点儿心思整理衣服，但是整体上来说，知道把自己收拾得干净整洁，而且脱下来的衣服知道挂好，脏了知道自己换干净衣服，还知道脏衣服应该收拾到哪里的 12 岁孩子，绝对"罕见"。相反，他们倒是很善于把衣服给堆成一团，好让它们都打上褶子或者揉上皱痕。有一次，儿子又把妈妈帮他熨得笔挺的裤子给弄上褶子了，这把妈妈给气坏了，偏不给他再熨直，而让他穿着"打褶"裤子。后来，妈妈告诉我们说，她儿子还是没怎么改变，只不过"算是能把衣服挂起来"而已。

不仅是孩子的衣服乱七八糟随便扔，孩子的小屋里还到处都是他搜罗来的"宝贝"，有的还算是比较有规律，有的则杂乱无章。如今他的"收集癖"已经扩展到了新的领域：各种票根、剪报、校队的照片。他如今应该有一个张贴板供他把这些零零碎碎的、感兴趣的东西都贴好。有的孩子喜欢小狗的照片，有的则喜欢骏马的照片；还有小奖旗、橄榄球明星照、歌星照、影星照等等，贴得他屋子里满墙都是。幸亏是 12 岁的少年了，可以有本事用图钉把这些东西都钉到墙上去。若是他不得不用自己的零花钱去买些宽宽的透明胶带回来，好把他的这些宝贝都贴到墙上去的话，这可就不那么让人愉快了。"那东西多贵啊！"他会说。

他能花很多时间装点他的小屋，可是却不肯花时间去维持。当然，想起来的时候，他还是知道整理一下的。尽管如此，妈妈们尤其是家有儿子的妈妈，还是需要定时进去清扫，至少每隔一定时间清扫一次。

❖ 金钱

定期零花钱制度，仍然是12岁孩子"金库"的主要来源。当然有些孩子已经可以去挣一些零花钱之外的"收入"，比如有人能一星期挣三四块钱了呢。

零花钱的额度，不同的家庭差距很大。中间水平应该是每星期3块钱或者稍微再多一点点，这主要看给孩子的零花钱都用在了些什么地方。不少12岁少年开始为自己做预算，预算的项目可能包括以下内容：积蓄、圣诞活动、漫画书、电影院零食、主日学校、上学用的文具，以及应付意外所需，有些孩子还需要用自己的零花钱支付公共汽车或者午餐费用。

12岁的孩子不像11岁的时候那么能存得住钱。他常常有目的地把钱花掉，例如给自己买一副棒球手套、一把吉他，或者几张碟片。知道计划用钱的孩子往往手上能有些钱，而且他往往会很慷慨地把钱借给别人，尤其是当妈妈需要找他借钱的时候，他更是喜滋滋的。他不但很乐意收取别人归还的钱，而且更知道谨慎地控制用钱，以免自己的钱不够去偿还欠别人的债务。这类小心谨慎的孩子一般来说很少乱花钱，不过，并非所有 12 岁孩子都能懂得如此"理财"。

事实上，相当一部分的孩子简直就是"大撒把"，手里有一点钱就恨不能赶紧花光，借用一位妈妈的形容，叫"见不得自己有点儿财富"。这些孩子往往在钱上面搞得自己狼狈不堪，钱财就像水一样从他的指缝间漏掉了。有钱的时候他特别慷慨，可是转眼就"破了产"，不得不预支下一期的零花钱，或者只好找人借钱。

❖ 劳动

孩子 11 岁的时候简直就是"全自动"似的，给什么活儿拒绝什么活儿，如今，这一令人不快的举动逐渐消失了。12 岁的少年终于意识到他不得不承担一些家务劳动的事实，而且认为既然如此那不如动手去做更好。他不见得能主动请缨，而且该他做的事情可能仍然需要你的提醒，不过，通常来说他都愿意出手帮忙。另外，他可能已经跟妈妈商量好，哪些事情可以不必他去做，比如说铺床叠被、布置餐桌、洗盘子洗碗等。而且妈妈可能会察觉，周末的时候孩子更愿意帮一些忙。

大多数情况下，孩子"稍等几分钟"之后就会去做他该做的事情，不过从妈妈的角度来看，孩子总是要磨蹭好一段时间。因此，若要12岁的孩子能更好地完成任务，要么妈妈多催促他几遍，要么妈妈干脆去忙别的。

12岁少年不但能帮忙做些里里外外的日常家务，还有能力做不少有一定难度的事情，比如说除尘、烹饪，甚至熨烫、洗车、打扫车库，以及粗重的木工活等。

挣钱是孩子帮忙做家务的动力之一。他更愿意"计件收费"，而不是按时间计算。大多数的男生以及少部分的女生会把自己做的桩桩件件事情用笔记录下来。另外，不论男生还是女生都愿意出门去帮别人照看小孩，甚至是傍晚出去照看。少数几个很有创业精神的12岁孩子甚至开始做些小本买卖，而且是兜售他自己做的东西。这样的"经营"有可能令他收获颇丰，而他则往往用这笔钱来做他进一步"创业"的资本，或者支付他"社交活动"的需要。

4. 情绪：负面情绪减少是这个年龄的主要特点

　　这一年，12 岁的孩子能带给你一个非常令人欣慰的、可以让你好好喘息一下的好年头！11 岁时的横冲直撞不复出现，11 岁时的好战、好强、好辩、喜怒不定也不复出现。这并不等于说 12 岁的孩子就完全没有这些负面行为，而是他们的好行为越来越稳定，而且稳定时间也越来越长。11 岁的他可以为了最微不足道的"招惹"而火山爆发，而今他却变得更友善，更温厚，更善于调整自己，更不在意别人的取笑。和 11 岁的时候比起来，他就是"一缕阳光""一份快乐"。12 岁的少年固然有时候会有些"黑白分明"的极端行为，但是，他分辨是非的能力比以前又有了长进，不再总陷于"黑与白"

的两极冲突之中。爱的时候，他会用全身心去爱。曾经有一个满怀炽热情感的女孩子，给她妈妈写了一封信，结尾处她落款"爱，爱，爱（重复一万遍）"。12 岁孩子洋溢的热情也许会均等地献给他的椒盐饼干、他的父母，甚至他的宗教信仰。而他恨的时候，唉，也能跟他爱的时候一样强烈。而这种恨意往往会指向他的学校。他的极端情绪既可能会发泄得很大胆，也可能很谨慎；既可能爆发出一阵捧腹大笑，也可能严肃得一点幽默感都没有。

尽管 12 岁孩子仍然会有这些极端的行为，但是，跟 11 岁的他比起来，现在他会表现出一种"奇迹般的平和"，努力想让事情有条不紊，想平衡相反的力量，想缓和矛盾的冲突。有些时候固然孩子不够耐心，会忽然发脾气，但是，总的来说，他毕竟是一个友善的、开朗的人，而且愿意倾听别人的意见。他会在热情与渴望之中显现出一种适度的谨慎，这份谨慎能防止他太仓促地冲入某种情势之中，因此有时候能使他避免像 11 岁时那般陷入灾难性的结果当中。总的来说，12 岁的孩子觉得自己总是相当幸运，当然也有的时候他会觉得他的运气"一般般""不算好也不算坏""一半一半吧"。大多数的孩子都能够容忍好结果与坏结果结伴而来。

尽管 12 岁的少年明白他的成长将使他承担更多的责任，

他同样也认为成长给他带来了更多的乐趣。伴随着孩子更为平和的性情，我们的少男少女往往能拥有一份愉悦的心情。你完全可以用"喜悦"二字来形容他，也许还能听见他四处哼着歌儿。有时候他也会兴奋得太过头，尤其是想到周末可以去滑雪的时候。功课若是学得好，他会为此格外开心，而且似乎尤其懂得享受假期的快乐。他很容易感受到山野中的美好，而他的这一美好感受无疑使得他的心情更为舒畅。

生活中不但有美好也会有痛苦。最让他感到"痛苦"的就是周末的时候要完成家庭作业。不过最终他能够战胜自己的抵触情绪，真正坐下来，完成他该做的作业。偶尔我们的12 岁少年也会伤心，尤其他心爱的小动物或者身边的某个人死去的时候，悲伤的故事也能让他陷入伤感之中。

控制怒火是一件难度很大的事情，不过他已经朝着这个方向有了新的进步。惹他发怒的人往往会是他的弟弟妹妹，要么就是比他稍大一点的哥哥姐姐。一旦别人招惹了他，有时候他固然会容忍退让，但更多的情况下他会挥拳冲上去，追着人家打，骂些恶毒的话，或者砸东西。好在以沉默回应这类招惹的比例在逐渐增加，这时他会默默地在心底嘟囔几句，要么就走到一边去，要么就回到自己的小屋里去"好好想想"。一个比较懂事的12 岁孩子也许会这么对自己说："我开始能控制住我的情绪了"，或者（更可能的说法），"最近我还真没好好地生过一回气"。

12岁的少年也会哭，尤其是愤怒至极或者伤心至极的时候，不过，总的来说，这不是一个容易落泪的年龄段。有些男生有可能把泪忍回去。这时他也许已经泪盈于睫，但是他会使劲儿克制，把眼泪收回去。哪怕是令他十分痛楚的遭遇，例如被蜜蜂蜇了，他也可能紧紧咬住自己的牙关，忍住不哭。12岁的孩子在外面的时候比在家里更坚强，如果你问他是否在学校里哭过，他可能会这么回答你："开什么玩笑！"

跟11岁相比，总的来说12岁也不是一个胆小的年龄，不过，在家里也好，在街上也好，独自在黑暗之中他常常会感到心里很不踏实。夜里他会听到一些叽叽嘎嘎的声音，这使他联想到会不会是来了贼，甚至联想到罪犯、凶手，以及在街上让他感到不安的那些人。大多数的12岁孩子不喜欢有个看顾小孩的人来陪他过夜，因为他觉得自己就已经有能力帮别人照看小孩了，但是，还是有些孩子需要在他伸手可及的地方有一个成年人陪伴。

最让他发愁的事，往往会是他学校的作业、考试、成绩单，以及他不够资格正常升级。

12岁的少年不是不会感到伤痛，而是，他会竭力掩饰他的感情。如果有人对他说句不友善的话，他会不搭理他、独自走开或者隐忍到脸红，也会一笑置之，或者暗自琢磨别人为什么会这么说。当然，并非所有的 12 岁孩子都能做得这么好，比如说有时候他会反唇相讥蹦出一句，"我很高兴你能这么看"，然后狠狠地摔上门，暗恨在心。

这个年龄的孩子因为对自己的感受有了足够清晰的了解，因此对别人的感受也会有更清晰明了的体会。妈妈常常表示：孩子这时更能真懂她的心情，他会通过她的脸色揣摩她的感受。12 岁的孩子不但知道尊重别人的感受，而且还知道小心留意不要踩到人家的尾巴。

跟 11 岁的时候相比，12 岁孩子对父母的感情要含蓄得多。他表达爱意的肢体语言如今仅限于亲吻，当然他也很喜欢亲吻父母，道别的时候要亲吻，道晚安的时候也要亲吻。孩子之间还会经常谈论这一话题，说说各自要还是不要这样的亲吻。还有，要知道你没法保证 12 岁孩子的派对不会有某种形式的亲吻游戏。

12 岁孩子的嫉妒心很淡，不过跟兄弟姐妹之间除外。比如，向往能"谈朋友"的女孩子就会嫉妒已经在"谈朋友"的姐姐。那些还没有完全摆脱 11 岁情怀的孩子，也有可能会嫉妒父母对弟弟妹妹的关注多于对他的。

12 岁孩子已经明白别人可能拥有比他更多的财富，不过他仍然对自己能拥有的东西感到幸运而满足。这时他已经能说出相当富有哲理的话来了："每个人都既有好的东西也有不好的东西。""好与坏终归是会平衡的。"

　　由于他总愿意保持对事物的平衡心态，12 岁的少年不再像 11 岁时那么争强好胜，而是希望自己在群体当中随大流，既不特别糟糕也不特别出色。他会尽力做到他能做到的"最好"，同时享受一段好时光，也给别人留些机会。那些在体育或者学业方面有特长的孩子，也愿意在他们各自擅长的方面进一步提高自己的能力。

　　12 岁孩子的父母，不仅整体上很喜欢自己的小少年，而且还会特别喜欢他的幽默感。孩子有时会用幽默来遮掩他对父母的不满，比如说，不是直接去指责爸爸过于肥胖，而是这么评价一句："您这体形多特别！"

　　他尤其喜欢使用双义词，用双义词开玩笑的时候也有本事做到不激怒别人。当老师的要有被 12 岁学生拿来开涮的心理准备。比如说，有个老师决定不让一个男生和另一个女生坐到一起了，要让他们分开，旁边的学生就理所当然地幽默了一句："哟，我不知道他俩已经结婚了。"（译者注：在英语里，"分开"和"离婚"是同一个词。）

不过，12 岁的少年也特别喜欢黄色玩笑，他这时不但很明白那句话是什么意思，而且还真就是津津乐道，真能笑得前仰后合。虽然以"排泄"类字眼（尤其是大便）为主的笑话在他们当中依然很流行，但还是以性字眼为主的黄色笑话最为流行。

值得注意的是，不仅年龄不同情绪特征会有所不同，不同的孩子也会有一定的个体差异。

❖ 体形对情绪的影响

我们研究所对个体差异的看法追随威廉姆・H. 谢尔登博士的观点，他的体形心理学基于人的行为是人体结构的一种机能表现的观点，也就是说，我们之所以会有这样的行为，很大程度上是因为我们的身体结构。

因此，那种肉乎乎、软乎乎的孩子，也就是我们称为圆形体形的人，往往是一个友善的、随和的、容易相处的人。跟其他体形结构的人不一样，这种体形的孩子感情趋于外露，他希望别人知道他心里是什么感受，而且愿意跟任何人谈论任何事情。任何时候他都能让自己的情绪自然流露，不论是好是坏是悲是喜，他均不打算隐藏。不过，虽然他善于表达感情，但是并不算深入。但是最重要的一点，圆形体形的人热爱生活的平和。他会尽一切努力避免任何与他人发生争执和纠纷，也不欲与人竞争，似乎永远都远远躲着聚光灯。

但是，结实壮硕的方形孩子，却全不是这么回事。从小他在情绪方面就以热衷于自身的力量著称。男孩也好，女孩也好，都喜欢与人竞争、主掌局势、发号施令、征服一切。他有很强的推力、动力和体力，既对别人的感受与情绪不那么敏感，也对自己的痛苦似乎麻木不觉。他实际上往往十分勇敢，不但愿意当领袖，而且勇于冲锋陷阵。如果生气了、恼怒了，他往往容易发泄到别人身上，而且常常拿妈妈当撒气筒。

纤细而敏感的长形孩子在情绪表达方面跟前面两者又都完全不同。长形孩子对任何情势都容易反应过激，哪怕在很普通的社交场合他都可能显得相当紧张。他是一个羞怯、疏远、离群索居的人，不愿意别人知道他心里的感受，喜欢独自默默承受痛苦。尽管他很想哭，但他也知道当众雨泪滂沱是一件极其丢脸的事情。他最大的问题之一（却也常常是他最大的优点之一），就是他相当敏感，也相当脆弱。这固然让他容易陷入痛苦之中，可也令他能够理解和感受别人的苦楚。假如他的境遇十分糟糕，他也能默默忍受。长形孩子通常对疼痛也过于敏感。

因此，不论孩子年龄的大小，你大致可以了解到有些青少年会比其他人更为开朗、热情，有些则会比其他人更为安静、含蓄；有些人天生比较容易能克制自己的情绪，有些人则与之相反。

❖ 环境对情绪的影响

还有一条变数是我们必须考虑的，环境因素对孩子情绪的影响。过去人们总以为所谓环境的影响主要是指周围的其他人对一个人的影响。不错，一个生长于幸福、温馨家庭之中的孩子，比一个来自相反家庭背景的孩子更有可能成长为一个快乐的人。

而今，我们也必须考虑另一种相当不同的、能够影响孩子情绪的环境因素：来自生活中物质环境的影响。我们日常的饮食、我们呼吸的空气，常常可能形成一种过敏原，从而对孩子的行为与情绪造成相当有害的影响。

现在不少人都已经明白食物能够对人的情绪以及行为带来经常性的负面影响。关于介绍这一类知识的书已经很多，最典型的当首推伦敦·史密斯博士的著作《从饮食入手改善孩子的行为》。在这本书中，史密斯博士解释了许多孩子身上的搅得家人不得安宁、粗暴而又过分的行为，其实都是他饮食中的某一种东西所带来的恶果。

❖ 食物对情绪的影响

我们很多人都体验过饥饿会使脾气变得暴躁。那种因为终于吃到了东西而产生的感觉上的忽然变化对小婴儿的冲击尤其明显，往往使得他在得到哺乳后的短短几分钟内，就从刚才迫切、愤怒、焦躁的号哭之中走了出来，显得非常幸福而安详。

人们常常指望青少年在遭受饥饿之时能够具备成年人的克制能力，不怒不悲。他不仅有了一定的克制能力，而且还具备了填饱自己肚子的能力。自己打开冰箱找吃的，自己有本事做出吃的，尤其自己荷包里还有了钱可以去买吃的，这些都使得年青人可以免受因为身体成长太快而带来的饥饿之苦。

5. 自我意识：自信独立、善解人意，并有了自我主张

11 岁的孩子是在寻找自我，而 12 岁的孩子则已经找到自己了。父母常常觉得这个年龄的孩子是感到自我满足的、相当有自信的、能独立自主的少年。他实际上还不完全能意识到自己的这种转变，不过他已经能感觉得到自己和过去不同了，他对经历过很多次的圣诞节、感恩节等节日的感受，已经跟以前不太一样了。

而且他的具体行为也的确昭示了他的变化。用家长的话来说，父母如今又再次享受"生活之乐"，这让他们再次回忆起孩子当初只有 6 岁半时候的美好时光。不同的是 12 岁的孩子变得更善解人意、更富于幽默感，是一个生活中的好伙伴。

当然了，有时候他也会让人很恼火、很烦心，变得很"痴迷于某一件事情"。他的主动性很高，这其实有助于孩子制订事件计划，以便更好地把握事情的进展。年青的小伙子和小姑娘正越来越多地承担起生活中属于自己的责任，不仅仅是在家里，在外面、在社会上，也都是如此。

孩子所有这些正面的、积极的行为表现，本身就说明了他对自我的一个全新的认识，而且是他生活中真实的自我。虽然有些12岁孩子还跟他11岁的时候一样，把自己身体的某个部位当作对他自己的认知，比如说他的脚就是他，因为他喜欢爬山或者跳舞；但是，大多数的12岁孩子如今更把自己的整个身体当作对自己的认知，一个活生生的、健全的自我。他这么说他自己，"这就是我的一切啊。"有时候他也说他的自我在他的大脑里，因为大脑"统治着整个的我""控制着我的一切"。有些时候他把他的自我均等地分为他的大脑以及他的心脏，因为"没有这两样你就不可能活下去"。也有的孩子认为自己的心智是他"构成一切的中心"。

12岁的孩子很关注自己在身体上以及经验上与别人的相似之处，而且可能因此觉得难以界定他自己。借用一个小姑娘的话来说，这是因为"每一个部分都好像是别人。没有哪个部分是单单属于你自己的。当然了，那可能的确属于你，可是，却又好像是别人的"。这种与他人相似的感觉，却又是获得一个更密切的群体认同所需要的。例如，有一个男孩子一直有一个错误的观念，认为只有他自己才会做错事，一直到他后来跟其他孩子一起，才开始体会到大家都会常犯错误。有些孩子相当敏锐地感受到了一份缺失，一份独特的自我感的缺失。比如说，当他们帮别人照看小孩的时候，他就只被别人看作"是个照看小孩的"，他因此感受不到那种在家里轻易就能感受到的他独特的个体性。不过与此同时，12 岁的孩子却并不喜欢自己独自一人时的那种"奇特"或者"怪异"的感觉，而这种感觉常常在情况发生忽然变化的时候出现，比如，忽然关掉了收音机，或者夜间忽然醒来。

总的来说，12 岁的少年并不深究为什么自己会很不一样，也并不希望自己与众不同。他很乐于融入群体之中，并且感受到"每一个人都是他最好的自我存在"。他会说："最好是好好做你自己，因为每个人都有他自己的麻烦。"

他并不希望快快长大，因为他喜欢遇到"在成长的过程中发生的事情"。而且他认为，"人都应该做与他年龄相称的事情"。大多数孩子都不觉得希望自己长得更大一些有什么意义，因为"反正你一直都在长大"。他们已经认识到，长大总归需要花时间慢慢来。他们既热切地向往着不远的将来会有些什么事情发生，同时又大多能置身于现实之中，等待未来某天到来，他有这份耐心等待自己长大。

12岁的孩子很了解自己的优点和长处。他似乎总能从中挑出最恰当的一条特征来描述他自己："天性纯良""性格挺好""与人为善"，还有"善于与人相处"。他同样也知道自己的缺陷和短处，比如最突出的就是他会发火，会跟兄弟姐妹打架，还会生别人的气。而他最头疼的事情，恐怕要数家庭作业了。

如果老天给他机会许三个心愿，那么有些孩子的心愿之一，仍然是有一条狗或者一匹马。男孩子也许希望搬到某个遥远的地方去，至少也是搬到一个新的、大大的房子里去。他会希望拥有一间属于他自己的、更大的私人卧室，有一间健身房，还有一个游泳池。他也可能希望到哪里去旅游或者度假。另外，由于这个年龄的孩子对知识感兴趣，因此他常常会希望自己能更聪明些，能有更好的成绩。

12岁少年的心愿不仅仅是为了自己，还会想到别人。男孩也好，女孩也好，都希望自己能真的帮到家人，或者希望能带全家人一起出去旅行。女孩子尤其希望爸爸能事业成功、身体健康，希望他不要再这么辛苦劳累。没有兄弟姐妹的孩子会希望自己能有几个弟弟妹妹。而且，他不但向往一个和平的世界，而且向往没有疾病、没有饥荒、没有战争、没有核威胁的和平世界。

至于他将来会从事什么工作，12 岁的孩子不再像 11 岁时那样确定，他更倾向于把对未来的理想锁定在一种可能性上，或者是把两种选择合二为一。不论男孩还是女孩，都会言辞激烈地告诉你他将来肯定不会去做的事情。他已经能够意识到，目前他喜欢做的事情，将来不见得适合他，也许等他长大些之后就不再希望从事相同的工作了。孩子的这一认识表明，他对未来的选择是灵活和广泛的，知道将来事情可能发生变化。虽然还有少数 12 岁孩子对未来的设想仍然受到他父母所从事的职业的影响，但是大多数开始有了自己的想法。将来想要抚养和照料小动物的比例减少了。女孩子当中，除了常见的想要当教师、医生、牙医、兽医等理想之外，现在又新出现了当作家的理想，尤其是那种文字创作与绘画创作兼备的儿童文学类的作家。男女生当中都有对绘画、艺术感兴趣的孩子。男生的理想多半是成为运动员、木匠、律师、医生、商人等。

有些孩子对自己向往的大学已经有了比较清醒的认识，不过大多数孩子尚未想得那么长远。

还有少数男生认为将来他应该会单身，当然他也知道这种想法将来还有可能再变。实际上 83% 的孩子打算将来要结婚，这一比例，比我们 50 年代进行的那次调研结果提高了不少，那时候只有 55% 的孩子有此打算。甚至有几个男生还打算将来跟目前的女朋友结婚（他其实只不过跟人家说过一次话而已），他也知道将来也许会有不同的想法。

这个年龄的女孩子打算结婚的比例不算高。目前的比例是 74%，50 年代的比例是 85%。将来打算做职业女性的比例也不算高，只有 66% 的女生打算将来结婚以后仍然出去工作。

女生最关心的一件事情，是将来成家以后，未来的丈夫是否能跟她有一定的共同语言。当我们问她希望未来的他是个什么样的人时，她往往倾向于保持中间的立场，比如说"他"应该是一个"不胖也不瘦的人"，"不要太聪明了可也不能太笨"。12 岁的小姑娘虽不见得期望将来嫁给富翁，却也不希望嫁给一个穷光蛋。

至于说到"未来的孩子"，72% 的男生和 81% 的女生打算要孩子。少数女孩子希望能儿女成群，不过跟其他年龄段的答案一样，他们大多希望能有两个孩子。

6. 人际关系：与家人关系缓和，不再排斥异性

❖ 与家庭的关系

  跟 12 岁的孩子生活在一起，那可容易得多了，不过，他这时已经略微开始与父母以及祖父母拉开距离。"我以前特别喜欢跟家里人一起做这做那，可是，现在我对此不再那么感兴趣了，反正一切顺其自然吧。"他倒是说得相当合情合理。让人欣慰的是，12 岁的孩子跟兄弟姐妹之间的相处会略有进步，至少对 5 岁以下的小弟弟小妹妹以及 15 岁以上的哥哥姐姐相当友好。

母子关系

12 岁的孩子似乎总算从跟父母的战斗中走了出来。不少孩子对妈妈的语气相当友善，也相当有幽默色彩。现在他对自己有了更好的把握，因此对妈妈也就有了一定的耐心、宽容、同情，能够更客观而明智地对待她。他甚至有时候能借幽默来"搞定"妈妈。

12 岁的孩子比较容易听得进去道理，不再那么容易陷入对抗、争辩、吼叫之中，不再那么公然跟妈妈作对。不过许多孩子却也觉得在帮忙做家务、收拾自己的房间、善待兄弟姐妹以及餐桌仪态等方面，妈妈的批评太多了一些。有些孩子于是告诉我们说，对妈妈的要求和批评，他干脆充耳不闻。但是，总的来说，12 岁的孩子应该算是肯帮忙做事的孩子了。尤其是前一段日子就仍然肯听妈妈话的男孩子，这时候甚至开始知道要主动做些什么了："不用你说，我会弄好这东西。"

虽然还是会有些孩子觉得妈妈给他的权益太少了，不能看到他更多的优点，或者"还是没把我当成 12 岁的大孩子看"，但是总的来说，他的要求比 11 岁的时候低多了、少多了。他不再那么揪住妈妈不放，能够允许她过她自己的日子。很多孩子明显真的更尊重妈妈的意见，更在乎妈妈的认可。

12 岁孩子对亲子关系的看法，通过他仍然会用"在意""不在意"这样的词汇，显露出他内心的想法。

一般来说，12 岁的孩子愿意陪陪妈妈，跟她说说小秘密，态度相当友善。尽管很多人不再会像小时候那般公开表露他心中的爱意，但还是愿意亲亲热热地对待妈妈。不过，孩子的行为并不平稳，前一分钟还一身孩子气，后一分钟就已经变得老成稳重了。

女孩子当中，有人开始认为妈妈的打扮"太跟不上时代"了，比如说觉得她的衣装、梳妆、化妆，乃至她的风度，都有些"落后"了。

父子关系

大多数 12 岁孩子跟爸爸的相处都不错。女儿也好儿子也好，跟爸爸之间的关系如今少了一些爱慕之心，多了一些伙伴之情。以前父子之间的那种"高调"的关系现在变得"低调"了一些："我跟他之间挺好，但有时候会有些争执。""我们相处得还好，但是我很少能见到他。"少数女孩子可能会对爸爸生出一种暧昧之心，或者一种对英雄的崇拜，因此跟爸爸相处得格外融洽。有些男孩子虽然 11 岁的时候跟爸爸相处得摩擦不断，但是现在父子之间变得和顺了许多。

父子一起参与的活动减少了。当然，如果爸爸能有时间的话，孩子仍然非常享受跟爸爸一起的时光：驾驶帆船、打球、射箭、参加体育活动、读书、看电视，以及闲聊（体育、政治、战争等）。

大多数 12 岁的孩子都非常重视爸爸的话。尽管有时候会痛恨他的禁令，但还是会服从。

不论男孩还是女孩，都很可能告诉你，自己长得更像爸爸一些。

12 岁的孩子已经相当清楚爸爸对自己哪些地方不满：家务事做得太少，人太懒惰，对兄弟姐妹不够好，动作不够迅速，人不够整洁，等等。因为爸爸常常会为这些事情骂人、发飙、生气。不少人都说爸爸比妈妈更严格。

以前孩子从来不会对爸爸的行为说三道四，但是，现在有些孩子已经开始了。"他的脾气臭得不得了，但他是个好人。""他并不怕我妈，但是他不想自己拿主意。"另外，许多孩子认为爸爸（以及妈妈）娇惯弟弟妹妹。有些孩子（特别是男孩子）开始批评爸爸对待妈妈的态度，或者批评妈妈不该太听爸爸的话。

还有些孩子开始以半开玩笑的口吻批评父母。还有些孩子会跟爸爸比聪明、比技巧、比耐力。

祖孙关系

12 岁的孩子固然天性纯良、待人友善，除了弟弟妹妹之外对家人都很好。但是，他大部分时间里已经开始慢慢地跟家庭生活拉开了一段距离。跟妈妈谈心的时候少了，跟家人分享快乐的时候少了，对家庭的关心也少了。对父母疏远了一些，对祖父母也疏远了一些。一直以来完美的祖孙关系中，似乎已经有了一些模糊的阴影。

兄弟姐妹关系

跟 11 岁的时候相比，12 岁的孩子对弟弟妹妹好了许多，但是距离父母的要求还是差了老远。他可能显得没有什么热情："呃，可能他是对的吧。""看来我也只能说我很高兴有个妹妹了。"当然也有些稍微正面一些的说法："我们大部分时间相处得不错，我猜吧。会争吵几句，也有不少快乐。"更负面一些的也不是没有："我们处得糟糕透了。""他就是个讨厌鬼。""她太坏了。"

打架的情形，按照孩子自己的说法，从"偶尔"到"差不多一半的时候"都有，情况不算很一致。有个女孩子说："偶尔我们也能相安无事，不怎么打架。一般来说我们每天都会打一架，甚至是两三架，不过一架都不打的时候也还是有。"

争吵的时候，最后一句由他来收尾，这一点很重要。

对弟弟妹妹最不满的地方是他们要来嘲弄和奚落他，老跟在屁股后面不肯走开，缠着他陪他们玩游戏，碰他的"东西"。还有，"他打我，可是父母却不许我打他。""他们（弟弟妹妹）总是能逃脱得掉，可是我却总也逃脱不掉。"这样的话也很常见。

他的年龄越长，跟弟弟妹妹打架的情形就越少。身为12岁的哥哥姐姐，对不到4岁的弟弟妹妹大多相当友善，跟小家伙在一起通常都"还行"，甚至"很好玩"。跟16岁以上的哥哥姐姐之间的关系也大多相当好："我很崇拜她。""我佩服他。"这种对哥哥姐姐的敬佩之心，是新近出现的新感觉。他们对这种关系的改善找到了很多理由，其中显露出了对兄长相当顺从的心态："他总是要笑话我，但那只是为了好玩而已。他从不打我，也从不让我。""我们现在相处得很好，她不再像以前那么讨厌我了。"

不过，跟十三四岁的兄长相处的话，大多数情形都很糟糕，至少也会是有时候很糟糕："我们打个没完没了，而且不只用嘴巴打，还会用拳头打。"不打架的时候，倒也"相当不错"。男孩子之间喜欢摔跤。

有些这个年龄的孩子表示他很满意自己是个独生子："我

不知道我该说不该说，可是，我有一只狗，我喜欢它，就像它是我弟弟似的。"

❖ 与朋友及同伴的关系

对于 12 岁的女孩子而言，她交往的朋友圈变得更广了，而且感情上也不再那么"黏糊"了。许多人现在有了"一大帮子的"朋友，一出门总有人跟她结伴而行，而且会"尽量对每个人都好"。有些时候，一对好朋友中的一个有了"男朋友"，这对小伙伴就可能因此"散伙"。男孩子也差不多，大多数人都有很多的朋友，而且大多相处得很好。"我没有什么特别的朋友，反正都是朋友，不同的时候跟不同的人一起玩呗。"

不少女孩子已经准备好"约会"了："我们对男孩算是感兴趣吧，不过还不会跟他们一起出去。"另一方面，大多数的 12 岁男孩子也一样还没有开始"谈"，只不过许多人都说他会愿意去"谈"。

同性朋友

女孩子： 交友圈子继续扩大。许多孩子不再只有一个要好的朋友，而是有"一大帮子"（"跟每一个人出去玩，尽量对谁都好"）。有时候也会两三个人从"一大帮子"中脱离出来，但也"并不跟任何人过不去"。当然也有少数孩子真的很不容易交到朋友，不过这样的情况毕竟很少。

朋友之间的感情纠葛不再那么强烈了。也会有人生了朋友的气、赌气不再说话，但频繁程度比以前少了很多。受朋友的影响也比以前少了。只不过，"臭骂她一顿"仍然是很要命的事情。

"她住得离我近"，在很多情况下看来是相当充足的交往理由。大多数孩子都能"相处得不错"，在一起玩得挺开心。

有时候，两个好朋友中的一个忽然对男孩子很感兴趣，开始和男孩子约会，就此撇下另一个女孩子，一段友情可能因此而告一段落："她现在去找大孩子了。""她所有的话题都只剩下男生和衣服。"或者反过来："她是个多好的人，可是我现在变了。以前我也是她那样的人。"

非常需要晚上跟朋友一起过夜，就跟她们现在离不了电话一样。

男孩子： 大多数人都有为数相当可观的好朋友，甚至最好的朋友。"我有四个最好的朋友。""我有三个铁哥们儿。""我有好多个朋友，差不多 20 个吧，其中有 8 个是我最好的朋友。"

从 12 岁的孩子的交友观念上来说，他可能会说他有很多朋友，"但是没有特别的朋友。"或者是："我有很多特别的朋友，他们好像个个都很相像。""不同的时候我跟不同的朋友走。"

以前随便哪个邻居孩子有空都可以扎堆玩，但现在这种玩法逐渐被打电话以及邀约朋友上门来玩所替代了。

跟朋友之间会有些分歧、有些抱怨："他们有些人讨厌我。""我们有时候吵架。""他们有些人挺好笑的，太喜欢瞎吹牛、糊弄别人了。"不过，大多数人跟朋友相处得都很不错，而且常常今天跟这个玩明天跟那个玩。他们也开始谈论哪些朋友值得信赖了。

异性朋友

女孩子： 许多人现在已经开始对男孩感兴趣。她们典型的说法是这样的："是啊，我们应该算是对他们有兴趣了吧，而且已经有了一些我们喜欢的人。""呃，我有一个我喜欢的男生，不过仅仅是喜欢而已，我们还没有一起出去玩过。他好像还不知道吧。"只有为数不多的女孩子觉得她喜欢的男生"肯定已经知道"，而且相信他也喜欢她，因为他会骂她"愚蠢"。

不少女生还没有她喜欢的男孩子，但是她也会说："我觉得男孩子还行啦。""他们挺好的。""还没有我喜欢的。我正睁大了我的眼睛等着呢！"

尽管目前大多数女孩子还没有开始"约会"，但是我们有34%的女孩子表示她有这个意愿。而那些已经开始"约会"的女孩子当中，大约一半的人是两个女孩子跟两个男孩子一起约会，另外一半的情况是单独约会。

虽然这个年龄的孩子大多数都十分友善而热忱，但是仍然有些孩子对异性充满敌意。而且有些女孩子可能比 11 岁的时候还要厉害地故意去嘲笑男生。

对异性的兴趣总的来说已经出现。最容易"谈到一起"的场合，往往是预先安排的舞会或者派对，而且往往是家长们把孩子送到一起去玩。

有少数几个女孩子承认，她会主动对男生示好，"并为之疯狂"，不过这样的孩子都是发育比较超前的孩子。

这个年龄的女孩子往往长得比男生要高大一些，这是常见的现象。

男孩子：姑且不论孩子的说法有多大的真实性，大约有⅓的男生告诉我们，他曾经有过一个女朋友可是她后来走了，或者他不再喜欢她了，因此大家不再在一起玩。另有 ⅓ 的人说"还没有过女朋友"。剩下的 ⅓ 说他目前就有一个或者多个女朋友，只不过有些女孩子并不知道。

38% 的男孩子已经开始跟人"约会"，另有 52% 的人说他这就打算去"约"了。

大多数男孩子对自己"喜欢"的女孩子还没有多少真正的热情："我只是跟她一起消磨点时间而已。""我只是为了跟我的朋友保持一致而已。然后他不跟那个人好了，我也就不再跟这个人好了。"

可也有些孩子对结婚特别感兴趣，甚至自己主动跟我们提到，他打算将来跟现在这个女朋友结婚，或者未来的某个人吧。可是大多数人说到"女朋友"时，只是说去她家里"一起玩"而已。

可能还有些发育比较滞后的男孩子，会继续很强烈地讨厌女孩子。"要是说到她们的话，那只能是一群搬弄是非的、让人讨厌的小屁孩。""她们简直没有用。每次你想做个什么事，总有一些蠢得要死的女生挡道。比如说你要扔球玩吧，那肯定会有些愚蠢的女生把头伸在那里等着挨砸。"

不论他自己当前的状况如何，大多数男孩子都告诉我们说，"大多数男生都有女朋友了"，只不过她可能还不知道，或者他还没有跟她一起出去玩过。

开派对

现在男孩子和女孩子都对男女生一起开派对大有兴致，可问题是往往最后闹得一塌糊涂。男孩子也许仍然跟以前一样，要么结成一伙，根本不理睬女孩子。要么就专干坏事，在派对上乱扔食物，又粗鲁又闹腾。关灯的时候尤其一塌糊涂，这可是男孩子"干坏事"的大好时机。

根据女孩子们的说法，跳舞现在成了派对的主要内容（54% 的女生这么说），其次就是聊天和玩游戏（各占 28% 的女生这么说）。

各有 20% 的男生和女生表示他们都在派对上"找乐子"，也"亲热"过了。不过除此之外，让人很意外的倒是男孩子会保持缄默不语，有 36% 的男生不肯说他们都干了些什么。估计是乱扔食物、喧闹打斗之类不太好意思说出来的调皮捣蛋吧。他们肯说出来的事情，包括吃了些什么、跟谁"亲热"过了（16%），喝了些什么酒、玩了些什么游戏（各占 20%）。在这个年龄段的派对上孩子们首次报告有人服用了毒品，不过只有 4% 的人提到这个问题。

7. 活动与兴趣爱好：兴趣广泛，偏爱集体活动

❖ 户外活动

　　11 岁时固执坚守的东西到 12 岁时都能放得下了，比如说他不再坚持认为他必须立即就要得到这个，或者立即就要去做那个。12 岁的孩子喜欢在群体中随大流，而且受群体观念的影响严重。但是，他也同样可以在独自一人的时候自得其乐。虽然他喜欢参加有组织的集体活动，可是他也随时能闲散地"东游西荡""东走西逛""东做做西看看""东碰碰西摸摸"。他喜欢让事情顺其自然，然后他在后面跟而随之。

跟 11 岁的时候相比，他跟别人矛盾冲突的机会少了很多，因为他不再那么强调一定要按照他的要求、他的方式来做事情。与此相反，他现在愿意听听同伴们都有些什么想法，而且惬意地听从别人的意见。另外，他也喜欢各种各样的变化。12 岁的年龄不是一个喜欢重复的阶段，他会来跟你诉说"那无聊透顶的时间表，让我们把同样的事情做了又做"。假如他有一个十四五岁的哥哥或姐姐，在那里反反复复地播放同一首曲子，他肯定会腻味得要死。

不过话说回来，12 岁的孩子很少真的会觉得无聊，因为他根本就没有足够的时间去做所有他想要做的事情。他会这么暗示你他实在没有什么多余的时间，"等我有空余时间再说吧。"

男生和女生现在很自然地分开来，各自加入自己喜欢的运动或者非运动团队。唯有一项运动男女生都喜欢参加，那就是游泳。也许他这时多余的脂肪确保了他在水中的浮力，从而使得游泳更轻松了。他不但夏天要去游泳，冬天的时候也要报名参加室内温水游泳。他还会梦想拥有自己的游泳池。有一位妈妈这么对我们说："对我闺女来说，没有什么太凉的水。"而且，也真没有什么别的地方能比在水里更方便她"东游西荡"的了。当然，如果有人提出要求的话，12 岁的孩子愿意有人来指点他，也愿意花时间努力练习，以改进自己的泳姿技巧。

至于那些运动细胞较强的 12 岁孩子，除了参加橄榄球队和棒球队之外，他也许还会参加篮球队、冰球队。至于网球、旱冰、跳绳，男女生都喜欢参加。还有些孩子开始对驾驶帆船、打高尔夫、击剑等项目感兴趣。骑马一直是一项受欢迎的运动，尤其是一群"爱马女"在一起，那就更不用说了。

❖ 室内活动

有很多男孩对户外运动非常着迷，以至于他都没有什么机会待在室内了。而那些不怎么爱好运动的男孩子，则喜欢花更多的时间在家里忙东忙西。他喜欢用锡和木头做小汽车（常常是他自己设计的款式）、各种模型飞机、稍微大点儿的汽车，甚至是火车，还有冲洗他自己拍摄的照片、听收音机、演布偶戏等。女孩子很喜欢制作布偶、演布偶戏、用大钩针钩织地毯、用毛线织围巾，还喜欢缝纫。如果是男女生都参加的活动，那么他们之间也许会出现恶性竞争和比拼，不过，只要父母稍加协助和鼓励，12 岁的孩子通常都能做到公平竞赛。

不论是男孩子还是女孩子，他们的兴趣都十分广泛。有些人继续喜欢收集各种各样的东西，不过这种收集癖此时已经不算很严重了。收集明信片，尤其是印制着不同地方风景的明信片，最受孩子青睐。他会花很多时间跟朋友一起翻看、谈论他收集的这些明信片。素描和彩绘也都是这个年龄段的孩子喜欢的活动，有些孩子还开始尝试创作。这么大的孩子不再觉得书写是一桩苦差，能和一个国外的笔友通信往往给他很大的乐趣。这样的通信有时能使得他们之间的友情更盛，只不过这样的友谊之花有可能花期不会太长。

❖ 俱乐部和露营活动

12岁的孩子往往喜欢某些有组织的活动。也许这正是12岁孩子的夏令营能成功的原因。也许这正是很多12岁孩子从某些组织不够严谨的童子军中"退营"的原因，而且孩子往往会报怨在童子军里"他们什么也不能做"。同样的道理，相同性格的孩子自发组织的各种小俱乐部，到了12岁的时候往往都会自动解散。好像没有什么具体活动能让小俱乐部继续维持下去。

12岁孩子的组织头脑使得他很喜欢去做些个人的或者两

人结伴的有组织的活动，尤其喜欢赚钱的活动。比方说一个孩子就可以承担起给街坊里的小建筑队送咖啡和面包卷的任务。女孩子则可能喜欢自己做一些塑料别针去推销。一项工作挣到的钱可以投资于下一项工作，然后挣到了钱又可以投资在下下项工作上，就跟真的经商活动一样。

❖ 阅读

读书的时间比前些日子少了，而且连读书的热情也降低了。大多数 12 岁孩子一个星期只能读大约一两本书，他实在没有更多时间。他已经开始进入成年人感兴趣的阅读领域，而且可能早已是图书馆的常客了。少数孩子开始留意书的作者，而且可能把他喜欢的作者的书都找来读一读。神秘类故事最受大家的喜爱，其次是探险类故事。漫画类图书可能仍然很受欢迎，但是他已经不再像过去那么痴迷、那么忍不住读了一遍又一遍，也不再会一见到漫画书就想要收集了，尤其是不再那么愿意花他自己的钱去买了。当然，如果有现成的书，他还是要翻上一翻的。

❖ 需要久坐的视听活动

对看电视以及听音乐的兴趣，已经不再像以前那样能抓住孩子的心了。有些 12 岁少年固然还是有他喜欢的节目，可是他不再需要每天都去看或者去听，往往只在他方便的时候才会去看电视。

50% 的女生每星期看电视的时间不会超过 15 小时；50% 的男生不会超过 20 小时。女生喜欢喜剧以及情景喜剧；男生喜欢喜剧、情景喜剧、警匪片、侦探片等。

神秘片不再能吓住他们了。也许这就是有些孩子不喜欢而有些孩子喜欢的原因吧。他会喜欢一边写作业一边看电视或者听收音机，但是如果父母出来阻止他，他也能把它关掉。孩子最喜欢听的当属收音机和电唱机（译者注：那时候还没有出现 DVD），常常晚上躺进被窝里之后还要听一会儿。

这时候他对看电影，以及他喜欢的其他活动，变得更为"挑剔"，更有眼光。实际上，在决定是否要看某个电影之前，他对电影的挑剔就跟他对老师的挑剔差不多。首先他要对这个电影有个大致的了解，比如是说什么的，里面都有些什么。同时，他也要知道这个电影拍得好不好，演技好不好。如果这个电影不符合他的这些要求，或者他没有听到什么"好评价"，那么他根本就不会去看。看电影的时候他常常跟自己的一个好朋友（同性别）一起去，如果他还想再看一遍，或者再瞧瞧他喜欢的某个明星，那么也会有为数不多的男孩子自己去电影院。实际上 12 岁孩子选择某个电影的原因之一，就是那里面有他喜欢的电影明星。

❖ 吸烟、喝酒、吸毒

吸烟： 80% 的女孩子、68% 的男孩子现在承认他自己或者他的朋友吸烟。我们的判断是，这个年龄的孩子，即使他自己吸烟了，也不见得就真会吸多少。

喝酒： 大多数人仍然表示成年人喝点酒没关系，只要别过分就好（大多数孩子对成年人喝酒的宽容度要比对他们骂脏话的宽容度高出很多）。

超过一半的孩子（52%）声称他们有些朋友喝酒。这一数据首次达到了如此高的比例（但是没有对喝酒的量达到什么程度的详细阐述）。

吸毒： 我们访谈的这一年龄组的孩子当中，仍然只有 ⅓ 的人（具本数据是女孩子 32%、男孩子 39%）宣称他们认识的人当中有人吸毒。在这一年龄段，大约有一半的人（52%

的女生、48% 的男生）仍然说不清楚"朋友"服用毒品的频繁程度。75% 的女生以及大多数男生也仍然说不清楚"朋友"都用了哪些种类的毒品。

一个比较实际的、相对比例不算高的数据，只有 22% 的女生和 18% 的男生表示，学校有些学生因为吸毒或者喝酒而招惹了麻烦。

8. 学校生活：热情过度

　　我们说过，要说什么是 12 岁孩子最为突出的特点，那肯定是他的"炽热"。12 岁的孩子是如此的激情洋溢，以至于他走到哪儿都带着一股风，而且很可能走路的时候真会撞倒某个挡住他路的人。他的这份炽热有些时候还能激起一场很激烈的辩论，以至于最终不得不由老师介入其间，让他们都冷静一下。

　　群体对 12 岁的孩子来说已经非常重要，而且为了顺应群体的要求他可以收敛自己的个性。11 岁孩子跟群体的关系，是首先他被吸引，想去接近别人，然后他却遭到别人的排斥。12 岁的时候，这种模式已经淡了很多。尤其女孩子往往很有本事相互扎堆，而且特别能聊天。

11 岁时早晨上学的折腾劲儿，如今减轻了很多。如果他还有没完成的作业，他可能早晨一起来就会赶紧做。他还喜欢早点儿去学校，补上昨天没有做完的课堂作业。周末过后，女孩子尤其喜欢聚在一起唧唧呱呱，大谈上个周末的晚会啦、跳舞啦、去商店买了什么东西啦等话题，当然，也少不了她们永远最感兴趣的"男生话题"。

　　12 岁的学生不再像 11 岁时那般依赖老师，不再那般环绕于老师的左右。当然，如果老师愿意参加同学们的讨论，他们也愿意接纳老师。师生之间的互动相当顺畅。12 岁的孩子通常都喜欢自己的老师，对老师的评语往往都是"非常好"。他仍然喜欢能说点儿笑话的、能了解他、懂得他的老师。不过更为重要的是他对老师有要求：他需要一个真正有本事教他的老师，这老师应该"备课要备得更好一些""不要不懂装懂"。他还认为他"应该知道自己在说些什么"。如果老师真的是"随便你问他什么他都能回答得出来"，那他就真正是"世界上最好的老师"了。

　　12 岁的学生能够接受老师给出的挑战，能够遵守纪律，完成老师交给他的任务。可是，如果碰上一个底气不足的老师，不太知道该怎么管束学生，那就完了，这位老师肯定会被学生牵着鼻子走。他们会在课堂上乱吐唾沫扔纸团，在约

好的时间一齐咳嗽。老师前脚刚踏出门，他们就会七嘴八舌
地"出口成脏"，个个都笑得前仰后合。然而，学生只会去欺
负那些"软柿子"，欺负那些不够沉着坚定的老师。如果是他
喜欢的"最好的"老师，那么学生们肯定不会这么对待他。

12 岁的学生更为自觉，也更能坐下来认认真真开始做事
情。但是老师应该允许他稍微走动一下，比如说去拿几本书、
去削削铅笔、去取几张作业纸等（译者注：美国小学的课堂
里，往往设有微型图书馆、电动铅笔刀等文具，方便学生在
课堂上翻阅参考书、削铅笔等。如果他已经完成了课堂作业，
还可以利用空余时间"看闲书"）。只要老师给予孩子一定的
自由度，课堂上反而会减少很多的躁动，比如学生坐在椅子
里磨皮擦痒、相互说话、递纸条等动作，都会减少很多，因
为适当的自由度已经满足了孩子需要稍微动一动的需要。上
午 11 点之后学生可能会焦躁不安，这应该跟孩子肚子饿了有
关系，让他吃点儿东西往往就能解决问题。

12 岁的学生对各种各样的课堂作业都相当感兴趣（不过
男生还是对学校里的体育活动更感兴趣一些），做算术往往
会是学生喜欢的功课之一。他喜欢算术的精确性，而且可能
尤其喜欢带有小数点的计算。他喜欢反复演算，而且陶醉于
这种几乎都不用动脑筋想就答出来的简单和轻松。如果老师

在黑板上贴出一道新的算术作业题，许多孩子都会愿意最先"做掉它"。

12岁的学生不喜欢被老师限制在过于严格的时间表里。他更喜欢老师允许他在一定的时间之内完成作业，而且最好允许他稍微再延长一些时间。假如他正做在兴头上，就更需要老师允许他比平常多做一会儿。尤其是在研究社会学（译者注：类似于历史、文化等的综合课程）的某个有趣课题的时候，他就更不容易放手。举一个例子来说，他正在浏览西班牙无敌舰队这一课题，接着又翻阅了弗朗西斯·德雷克（译者注：英国舰队的指挥官之一，大败无敌舰队）的资料，然后又读到了他们如何从敌船上窃取了好多的金银财宝……追索得乐此不疲。这类探险加违法的行为，在12岁的孩子当中往往能掀起一场激烈的辩论。他饱含热情，以至于他可能还来不及把议题立好，大伙儿就已经开始展开辩论了。他更在意的不是这场辩论要如何进行下去，而是要急不可耐地表达出他自己的观点来。

如果他们在学习一段剧本，或者排演一段故事，12岁的学生个个都会争先恐后担当角色。这个年纪的孩子非常喜欢朗读他的角色台词，这时如果能替学生们架上一只话筒，那更能让12岁的少年眉开眼笑。

男女学生都很喜欢叙事诗以及打油诗，不过，若是老师要求学生把诗句都背诵下来，这份乐趣就大打折扣了。

男孩子对天体物理以及任何与宇宙空间有关的知识都格外感兴趣。而且他们也很喜欢任何真正意义上的科学实验，哪怕最简单的小实验。

还有一些其他的科目，例如艺术、音乐、制作、家政等，也都很受欢迎。12 岁的少年痴迷于这类创造活动中的各种材料。在绘画课上，学生们常常喜欢一大组人一起创作，例如为他们的剧目绘制布景画。在音乐课上，大家会格外喜欢和声演唱，有些孩子还喜欢参加管弦乐队。在制作课上，他固然很乐于合作，但是大多数孩子很少能非常完整地完成一件作品。如果只是需要一两堂课就可以完成的制作，那他会更喜欢一些。因此，一些简单的三件套，比如做一个汉堡包压模，就能很好地满足孩子这种希望能一下子出成果的愿望，同时也能激发孩子对食物以及烹调的兴趣。

体育课当然是许多少年的最爱。男生照例喜欢棒球、篮球、橄榄球。女生照例喜欢垒球、排球，还有"躲闪球"（译者注：两队人相互扔球去砸对方。你既要避免被对方的球直接砸到，也要尽力去接住对方砸过来的球。你若被砸中就"死"了；你的球被人家一把接住你也"死"了，必须下场）。

打球的时候有些学生还是会停下来站在那里聊天，需要别人督促提醒才会归队。12岁的孩子已经很善于根据自己的能力选择合适的球队，不过有时候他也会有些嫉妒心理。这个年龄的少年富有竞争意识，但是不再像11岁的时候那么不讲情面，为了获胜而不惜一切代价。不少孩子这时已经只为了玩得开心而打比赛了。

这个年龄的孩子心胸十分坦荡，在课堂上、在家里无拘无束，遇到不喜欢的事情时，他会格外率直坦诚。假如他认为他的权利遭到了侵犯，也会直言相告。特别让他觉得不公平的事情之一，就是眼看就要到体育活动时间了，老师却把他们全关在教室里。

女孩子这时非常在意她的衣装打扮。她会站在镜子面前精心打扮，课间但凡有点儿工夫都要来梳理一下她的头发。小姑娘们常常喜欢一群人聚拢在镜子跟前。她总要追随时尚，佩戴些漂亮的手镯、垂饰、胸饰等饰品，要么就是一长串的珠子。一串珠子的绳结应该摆在哪里，足够女生们认认真真讨论一番。而且，不论是珠子还是其他装饰品，都可能今天刚流行明天就过时，"时尚"这个东西变得快得不得了。

女生对男生的兴趣，总的来说要比男生对女生的兴趣浓厚得多。事实上女孩子总喜欢追逐男生，她喜欢坐在男生身边。男孩子对女生的兴趣越长大会越浓厚。他对女生一旦感兴趣，就会故意挑衅人家。用不了多久，他就开始故意去抢人家的钱夹、文具盒，还要找个地方把这些东西藏起来。有时候女生不得不去找老师，借助老师的权威帮她要回"丢失"的东西。

假如学校能够设置一些流畅的、不断变换的、具有挑战性的课程，那么 12 岁孩子的 7 年级可以是一段美好的时光。满腔的炽热让他对什么都感兴趣，因此老师需要帮助他把这些能量一并步入正轨，并且恰当地发挥出来。他需要老师对课堂有沉着坚定的掌控能力。可是，如果老师将他的自由度卡得太紧，在他还没有准备好之前就强迫他往前赶，让他去涉足一些他认为没有什么意义的领域，那么这会令他感到十分沮丧，他负面的行为特征这时候就会浮到台面上来了。家庭作业也是一个问题，虽然 12 岁的少年愿意学习，愿意完成一项任务，但是，只要这项任务变成了一个固定的模式，而且霸占了 12 岁孩子最为看重的社交时间，则不论男生还是女生都会抗拒，都会有时候痛恨上学。

❖ 纪律和管教对孩子学校生活的影响

下面，我们想就纪律与管教多说几句。学校的管教，跟家庭管教一样，从来都是一件至关重要的事情。哪怕是很多很多年以前的教师，在当年那种一所学校只有一间教室、教师远比今日权威的情况下，他们依然必须面对纪律与管教的问题。有些老师总是比别人更受学生的喜爱，还有些老师则因为他的天性往往要比别人更爱管束自己的学生。

而今，我们所面临的纪律与管教的问题，比过去要严峻得多，尤其是大城市的学校。这些问题不仅仅包括了放学之后对学校公物的大肆破坏，更包括了全国各地学校的各种暴力行为。这些暴力行为不仅仅对同学，更对老师造成了严重的威胁。

我们必须承认，由于我们所跟踪研究的青少年学生大多就读于中产阶级的公立学校以及私立学校，所以若要在这里讨论普通学校的状况，我们显然无可置喙。根据 1978—1979 年度的统计数据，当年所收到的报告中（毫无疑问还有很多学校暴力事件没有呈报上去），至少有 110,000 名公立学校的教师遭到过学生的人身攻击。而这个数据，跟 1977—1978 年度的数据相比，提高了 47%。

这一结果让人毛骨悚然，该如何解决我们不在此讨论。但是我们希望，学校行政管理人员能够尽快拿出更为强硬的措施来，而不要一味纵容。宾夕法尼亚州已经通过了新的法案，任何对教师的人身攻击行为都构成犯罪，都可能遭到监禁的惩处。但是，在任何强硬而有力的措施能真正实施之前，目前的状况可能依然会越来越糟糕。

这一问题对公立中学教育无疑是一个严重的威胁，我们自己对此并无良策。但是，我们仍然愿意建议，学校最好能够首先帮助那些学习相对吃力的、成绩一塌糊涂的学生，使他们不但能变为成绩更好的学生，而且变成活得更有信心的人——也就是不再让学校头疼的人。

❖ 行为成熟程度：跟他所就读的年级相匹配

该如何帮助学生，我们主要有两条建议。第一条，就是我们格塞尔研究所认为的"学生的行为成熟程度要跟他所就读的年级相匹配"。长久以来我们坚持认为，如果学校能够根据每一个学生的发育程度，也就是他的行为成熟度，把学生安置到最为恰当的年级就读，那么，学校里的问题至少能有一半得到消减、得到预防。为了能够让每个学生都就读于正确的年级，我们首先建议每个孩子进入小学的时间，以及后来的升级，都不应该简单地以他的出生日期也就是生理年龄为标准，而应该以他的行为年龄为参考，也就是说，根据他表现出来的行为所能够达到的成熟程度为基准。

这就意味着，我们不可以想当然地认为一个孩子满了5周岁就一定能上小学学前班，6周岁就一定能上小学1年级了。（译者注：美国一部分地区的学制，规定凡当年12月份满5周岁的孩子，9月份的时候可以上小学学前班，也就是孩子进入小学的开端。同样，凡当年12月份满6周岁的孩子，9月份可以升入小学1年级。即4岁半多的孩子就可以进入小学，开始小学生涯。）在我们的儿童诊所里所遇到的情况，以及我们在对全国各小学的研究中所目睹的事实，都一再清晰地表明，许多学生在学校里学不好的原因，仅仅是因为他们上学太早了，因此孩子就读的年级始终比他能力所及偏高了一年。

在我们看来，解决这一问题的最佳办法，就是在所有孩子进入小学之前，都为他们做一次行为能力检测。如果孩子不能通过这一检测，应该让孩子复读一年，或者返回到他力所能及的合适年级就读。

❖ 不恰当的饮食：可能对行为造成不利影响

我们要提出的第二条建议，跟第一条同等重要，这一条建议实际上是医务工作者史密斯、温德里希以及他们的同事提出来的：学生不良行为的很大一部分，包括学业困难、为人处世不当等，都有可能是因为食物或者环境中的其他因素导致孩子出现过敏症所致。因此，从这一方面入手，改善学生的饮食以及环境非常重要。

温德里希指出："越来越多的人意识到，孩子在学校里出现需要纠正的不当行为，除了过去人们普遍认为的原因之外，更多的原因则来自于孩子生理上的问题。"他指出，一个趴在课桌上睡着了的孩子，不见得就一定是因为他头天晚上没有睡好觉。他有可能是因为对饮食中的某种东西过敏，或者是对学校里使用的清洁剂过敏。（我们曾亲眼见证过教室里新清洗过的地毯导致学生出现很明显的过敏症状。）还有一种可能，就是这个学生有可能对弥漫在学校建筑的空气里的电子微粒格外敏感。

他还指出："医生应该对学校教育有更多的了解，而教育工作者也应该对医学有更多的了解。"而他自己本身，作为一个医生，在使用糖皮质激素和大剂量维生素来治疗学生行为问题方面，取得了惊人的成果。

伦敦·史密斯也在这一方面做了大量工作，他认为，我们所看到的孩子身上出现的许多粗野行为，不论是在校园内还是在校园外，都可能是饮食不当的结果。他相信，在学校中、在家庭里，孩子的行为之所以变得很糟糕，是因为他的身体不能正常工作。而之所以如此，则可能是因为他的大脑没有获得足够的营养。不恰当的饮食，尤其是孩子摄取太多的精白面粉以及含有白糖的食物（译者注：指各种精美甜品，包括饼干、曲奇、蛋糕、冰激凌等）之后，有可能导致身体机能出现问题。摄取过量的糖分，血糖在最初的急速跳升之后，会反过来降到很低，甚至导致脑前叶无法正常工作。一个前一刻十分可爱而后一刻十分可憎的"双重人格"的孩子，很可能就是因为孩子的脑前叶营养不良所致。也就是说，如果能保证孩子正确地摄取营养，学校里如此猖獗的破坏公物以及粗暴行为，毋庸置疑就能够大大减少。

我们上面指出的这些原因，大家可以看到，跟很多人一直以来的看法相距甚远。人们大多相信，学校或者社会上的不良行为，大多数都是"家庭压力"或者不够圆满的家庭以及社会环境所造成的恶果。我们倒是觉得，生理状况以及物质环境（孩子吃的、喝的、嗅入的物质）的负面影响，恐怕和家庭的压力或者社会环境对年青人所造成的负面影响不相上下。而人们若是粗暴地对待这些年青学生，甚至可能激起他们的过激反应。随着人们对这些因素的了解越来越多，我们期待着孩子的学校生活能变得越来越愉快。

9. 道德意识：多了一丝思考，
　　少了一丝冲动

　　在道德意识方面，12岁的孩子又踏上了新台阶。少年们在做决定的时候，会先认真想想，回想一下过去的体验，考虑一下可能出现的后果。像以前那样凭着一时冲动就做决定的时候少了很多。遇到问题的时候，这个年龄的孩子看来已经会不由自主地，以及先有意识地自我思索一番，左右权衡一下。他说话办事总是相当得体，不但对别人更宽容，对自己也不苛求。不过，如果能开脱责任他肯定会抓住机会，有乐子他也肯定不会放过。

　　对某些12岁孩子来说，他们仍然会不由自主地凭借他当时的感受、常识性的判断，以及他内心感受到的良知的呼唤，做选择和决定。不过，经过有意识地思考和权衡之后才做决定的情况，毕竟已经越来越多。他常常假设如果他决定去做的话，有多少好处，有多少坏处。不过，如果有必要，他总是能想出更多的好处或者坏处，而他的着眼点更多地放在个人得失上，而不是以道德为衡量标准。比如说，假如他明知道做了某些事情会害他放学后被留校，那么他自然不大可能去做。他也不再像 11 岁时那么容易去惹是生非。虽然有些孩子首先考虑的是，他的决定能使他得到多少好处，不过他也一样会考虑别人的想法，这个别人不但指成年人，还包括了他的同龄人。最要紧的一条就是，12 岁的少男少女都不愿意让别人觉得他做得"太出色"，他知道若真如此的话对自己最终只会有坏处。

良知在这个年龄孩子的心里就像一把标尺，有时候还相当严格。但是跟他 11 岁比起来，却又要宽松许多。有时候 11 岁的孩子可能因为对良知的遵守而显得过于苛严无情，比如一举手一投足之间都要讲究良心，或者宁死不屈也不肯去胡作非为。而 12 岁孩子的这种放松、不过于苛刻，反而使得他比起 11 岁时显露出更高的良知感。11 岁的孩子其实往往处在两级摇摆之中，要么很放不下良知，要么很冥顽不化。不过话说回来，正如 12 岁少年自己所说，还是有 50% 的情况，他心里依然想要"把麻烦推诿掉"。当他真做错了什么的时候，他心里的良知会站出来说话；不过这时他会为此做些什么，这就要看他怎么评估所犯错误的严重性了。

对待欺瞒行为的态度，12岁的孩子比11岁时显然宽松得多了，他会说"哪个小孩不这么做啊"。与此相类似，他对偷窃行为的指责也比以前柔和了一些，比如说有些孩子会承认偶尔会为了"好玩"而去偷东西。

总的来说，12岁对孩子不是什么难关，在比较大的、重要的事情上，你的确可以相信他们的话。不过，在小事情上却不见得总能如此。不论男生还是女生，都会发现自己有时候不得不说些谎话，比如说他需要保护另一个人的时候，按照12岁少年的观念，只要有一个足够好的理由，他就可以撒谎。

能够接受别人的指责，跟他能说实话一样，是12岁少年成长中最为积极而正面的一部分。不过，即使他能够接受别人的指责，却也不会愿意为此做出牺牲并承担额外的责任。他会说假如他的某个兄弟姐妹或者某个朋友被别人冤枉了，他肯定不会让他无辜受责。可是假如有人就是该挨骂，那他也会随声附和，"让他挨好了"。通常来说，12岁孩子都会尽量讲究公平合理。

11 岁的他有时候会为了争辩而争辩，可如今他不再这么好强了。11 岁的时候，他会不惜一切代价也要把别人驳倒，尤其要以此来证明妈妈就是错的。可如今，他跟人争辩，却只是为了阐明他的理由，尤其当他觉得他真有道理的时候。但是，即使是在与父母争辩的时候，他也会表现得彬彬有礼。12 岁的孩子有可能相当固执己见，不太善于听取别人的意见。你可以说服他，但是他心里可能还是会觉得他是被迫顺从父母之命，而不是真被父母说服了。

12 岁少年对骂脏话和酗酒的宽容度比过去更为宽松。他开始觉得凡事都可以一笑了之。他不会谴责他自己因为愤怒而乱骂人，不过他却认为父母不该当着孩子的面骂脏话。他觉得这不会给孩子树立好榜样，而小孩子很容易受父母的影响。

他对政治的怀疑态度也继续增加。我们所调研的⅔的 12 岁少年都认为大多数政治家不诚实。只有不到一半的人认为本国对消除种族差异的努力比较到位。

Appendix

附 录

附录一：
资料与数据的来源

❖ 针对原有研究对象

我们针对原有研究对象的数据收集方式，包括如下几个方面：

首先，我们让每个人都做一份统一的格塞尔发育成长检测问卷，另外还为他们做了智力测验，以及三次专项检测（包括罗夏墨迹测验，洛温菲尔德色彩镶嵌测验，以及主题统觉性格测试）。

其次，我们为每个孩子做了一次彻底的身体检查，包括身高、体重、握力等。也为他们拍了照片，用以体形分类分析。他们每个人还接受了各自年龄段的生长成熟程度检测。

最后，我们还就下面的调查内容和每一位研究对象做了一对一的面谈，其中有：生活自理、日常作息、情绪感受、自我意识、人际关系、兴趣爱好、活动项目、健康状况、紧张情绪的宣泄、学校生活，以及道德意识。除了跟孩子本人的面谈之外，我们还会和他们的父母晤谈，谈论的主题大致相同。在可能的情况下，我们还会邀请孩子的老师也来接受我们的访谈。

表二

1977—1978 年接受问卷调查学生的统计数据			
年龄	女孩	男孩	总数
10	75	75	150
11	100	100	200
12	100	100	200
13	50	50	100
14	50	50	100
15	75	60	135
16	50	50	100
17	54	25	79
总 计			1064

❖ 针对参与 1977—1978 年问卷调查的研究对象

除了上面的研究对象组，我们还有第二组研究对象，也就是在 1977—1978 年通过问卷形式参与了我们调查研究的那一组人。这些问卷我们通过学校老师借用社会学等相关学科的课题交给学生，覆盖面从小学到高中，而且遍及全美国。学生们的应答，也是利用课堂作业时间完成的。

从我们收回的问卷来看，偶尔会有学生以"这些问题有谁真正想知道呢""这些跟你有什么关系呢"为由不做应答，但是，绝大多数的答卷都显得认真而诚恳。我们允许所有参与应答的学生都以匿名形式交卷（答卷的时候不必写上自己的姓名），因此学生们的应答都十分翔实而且坦率。

参与这次问卷调查的学校，从地理位置上来说，从东海岸一直延伸到了西海岸。更详细地说，主要来自于以下地区的学校：纽约市的长岛；康涅狄格州的吉尔福德、哈姆登、塔夫脱维尔；新罕布什尔州的彼得伯勒；艾奥瓦州的芒特普莱森特；华盛顿州的吉格港、塔科马。表二显示的是接受问卷学生的统计数据。

我们手上并没有这些问卷应答者的智商测试数据，但是，我们可以根据他们的社会背景做出分析报告。这一批参与问卷的男孩与女孩，社会背景千差万别，从来自于上流社会的私立学校的学生，到大都市的中等家庭的孩子以及乡村中等家庭的孩子，到小城市里下层社会家庭的孩子都有。参与问卷的孩子的家长，比如来自同一所军校里的学生家长，既有上校军官也有普通士兵。大多数参与问卷的孩子来自于双亲家庭，少数孩子则由离异或者丧偶的妈妈养育，还有极少数的孩子一直是单亲抚养。大多数参与问卷的孩子是白人，只有少数来自于纽约几所学校的黑人孩子。

　　来自这些问卷调查的数据我们很容易整理出来，所有这些应答数据也都被我们制成了表格。我们将整理出来的数据整合到了表三至表七里，请参阅下表。这些数据表格涵盖了以下主题：对上大学、结婚以及未来职业的看法；50 年代对婚姻的看法以及 70 年代对婚姻的看法的对比；谈恋爱以及性行为的数据；还有就是有关吸烟、饮酒、毒品、开派对、看电视的统计数据。除了表格之外，我们还整理了一些文字资料附在后面，而且分别加上了相对应的小标题。

❖ 1977—1978 年针对 10 至 16 岁孩子的问卷调查

年龄：

性别：

年级：

对将来上大学及就业、结婚的规划

你打算上大学吗？

你打算高中毕业之后就去工作吗？

你希望做什么样的工作？

你打算结婚吗？

你打算在结婚后继续工作吗？（只需女生回答）

你打算在孩子年幼时离开工作岗位吗？（只需女生回答）

你是否打算要孩子呢？如果要，打算生几个？

道德意识

你认为我们的学校和居住社区，在种族融合方面做得足够好吗？

你认为政治家是诚实的人吗？

你认为你会通过政治或者其他途径，来改善我们国家的现状吗？

看电视

你平均一周花多少时间看电视？

你喜欢的电视节目有哪些？

你觉得电视上的暴力镜头对你有负面影响吗？

针对应该看多长时间的电视合适，你与父母有冲突吗？

你觉得看电视是利大于弊，还是弊大于利？

吸烟、喝酒、吸毒

你的同学或朋友中有人吸毒或者喝酒吗？

你认识的男生或者女生有喝酒的吗？有吸烟的吗？

你认识的男生或者女生有吸毒的吗？如果有，吸食哪种毒品？

如果你认识的人当中有吸毒、喝酒的，他们是偶尔在派对上这样做，偶尔一伙人在一起时这样做，还是真的已经喜欢上这些东西了？

你所在学校或者社区，有没有孩子因为吸毒或者喝酒而"惹了麻烦"的？

男女"朋友"（10—12 岁年龄组）

你有没有开始"约会"？

如果还没有，你是否打算开始找人"约会"了？

如果你已经开始，是单独和"朋友"约会，还是和你的朋友一起，两对"朋友"一起玩？还是好多在一起"约会"？

你认为你对性知识的了解足够多吗？

在派对上你都会做些什么？

男女"朋友"（13—16 岁年龄组）

你经常和"朋友"约会吗？

你认为"朋友"关系应该固定下来吗？

你自己已经有了固定的"朋友"了吗？如果有，你们约会多少次了？你们在一起多长时间了？

你在派对上都会做些什么？

针对约会更详细的问题（13—16 岁年龄组）

你所认识的朋友中有偶尔或经常有"亲热"举动的吗？

你所认识的朋友有人都"已经那个"过了吗？

如果你的朋友中有人"已经那个"了，你觉得他们采用了哪些避孕方式？

你有没有认识的朋友因此而"惹了麻烦"（怀孕）的？

附录二：

数据表格

表三

上大学、职业选择以及结婚打算
（应答为肯定的百分比）

	10岁		11岁		12岁		13岁		14岁		15岁		16岁		17岁	
	女	男	女	男	女	男	女	男	女	男	女	男	女	男	女	男
你打算上大学吗?	87	70	82	70	78	66	84	88	78	84	77	54	74	68	74	88
你打算结婚吗?	87	82	89	72	74	83	86	88	70	72	82	78	84	84	96	86
你打算要孩子吗?	84	79	85	72	81	72	86	82	80	78	75	72	86	88	92	86

50 年代之问卷数据（女 1、男 1）与 70 年代之问卷数据（女 2、男 2）针对是否打算结婚之统计数据比较

10岁				11岁				12岁				13岁				14岁				15岁				16岁			
女1	女2	男1	男2	女1	女2	男1	男2	女1	女2	男1	男2	女1	女2	男1	男2	女1	女2	男1	男2	女1	女2	男1	男2	女1	女2	男1	男2
81	87	50	82	91	89	52	72	85	74	55	83	94	86	75	88	100	70	43	72	100	82	75	72	80	84	19	84

表四

"约会" 统计数据（百分比）

	10岁 女	10岁 男	11岁 女	11岁 男	12岁 女	12岁 男	13岁 女	13岁 男	14岁 女	14岁 男	15岁 女	15岁 男	16岁 女	16岁 男	17岁 女	17岁 男
想开始找人"约"	54	65	57	71	34	52										
已经开始"约会"	15	26	30	42	35	38										
"约"得相当频繁							30	32	32	56	39	55	48	64	70	32
相信"朋友"应该"定下来"							56	68	56	74	85	69	78	80	86	56
正要"定下来"或者已经"定了下来"							40	44	68	54	76	60	76	68	88	56
有朋友已经"亲热过"了							90	90	82	75	87	72	88	80	90	48*
有朋友已经"那个过"了							25	30	57	55	78	55	68	72	81	44*
有朋友已经"惹了大麻烦"了							25	40	39	50	53	22	50	32	66	8*

*这个年龄段的男生提供的数据，很有可能更为谨慎，而不是更为真实。

表五

各年龄段男女生针对"你认识的朋友当中有吸烟、喝酒、吸毒的吗"提问（应答"有"的百分比）

	10岁		11岁		12岁		13岁		14岁		15岁		16岁		17岁	
	女	男	女	男	女	男	女	男	女	男	女	男	女	男	女	男
吸烟	52	54	75	46	80	68	84	68	100	88	98	96	86	96	100	100
喝酒	38	34	21	30	52	52	66	64	74	80	94	92	96	92	100	100
吸毒	12	12	21	31	32	39	46	48	90	82	91	88	86	86	82	82
因喝酒吸毒而"惹了麻烦"*	15	12	9	9	22	18	30	22	52	32	58	53	50	58	46	52

*这一数据是针对"有没有你认识的人惹了麻烦"的肯定应答比例，而非针对"你是否惹了麻烦"的应答。

表六

"在派对上你会做些什么"之统计数据

	10岁 女	10岁 男	11岁 女	11岁 男	12岁 女	12岁 男	13岁 女	13岁 男	14岁 女	14岁 男#	15岁 女	15岁 男	16岁 女	16岁 男	17岁 女	17岁 男
吃	21	15	4	6	24	16	16	16	24	20	8	3	6	6	16	6
聊天	6	0	24	42	28	8	14	20	12	35	22	14	20	28	22	24
玩游戏	18	30	40	0	28	12	14	6	0	5	13	2	4**	6	2	0
跳舞	12	5	32	42	54	8	32	40	24	60	22	14	38	14	40	32
"找乐子"	1	20	0	6	20	8	14	12	16	20	8	11	22	28	30	0
听唱片	0	0	0	0	20	8	6	2	10	15	17	16	10	8	18	0
"亲热"	0	20*	20	16	20	16	24	28	16	95	20	23	6	18	6	8
喝酒	0	0	0	0	4	12	8	12	16	65	42	31	24	54	56	32
吸毒	0	0	0	0	8	4	16	6	28	50	30	26	16	24	18	24

* 10岁孩子不见得知道"亲热"是指什么。

** 16、17岁孩子的游戏包括了扑克牌。

只有20个学生回答了该问题。

下划线：属于该年龄段比较突出的数据。

表七

看电视统计数据
50% 以上的男女生生每星期看电视小时数 *

	10岁		11岁		12岁		13岁		14岁		15岁		16岁		17岁	
	女	男	女	男	女	男	女	男	女	男	女	男	女	男	女	男
	20	25	15	25	15	20	15	20	10	15	15	15	15	15	10	15

"电视暴力不会带给我负面影响" 的数据统计

	女	男	女	男	女	男	女	男	女	男	女	男	女	男	女	男
	68	68	82	69	74	70	74	58	50	54	87	67	76	84	72	88

"电视带给我的益处比害处更多" 的数据统计

	女	男	女	男	女	男	女	男	女	男	女	男	女	男	女	男
	52	58	52	56	48	59	58	56	50	54	64	62	56	64	54	68

*我们应该这样理解这一数据表：50%以上的10岁少年，每星期看电视的时间，女生不超过20小时，男生不超过25小时。其他年龄以此类推。

图书在版编目（CIP）数据

你的10—12岁孩子 /（美）路易丝·埃姆斯，（美）弗兰西斯·伊尔克，（美）西德尼·贝克著；玉冰译. ——北京：北京联合出版公司，2018.10（2024.6 重印）
ISBN 978-7-5596-2313-3

Ⅰ.①你… Ⅱ.①路… ②弗… ③西… ④玉… Ⅲ.①儿童教育 - 家庭教育 Ⅳ.① G782

中国版本图书馆 CIP 数据核字（2018）第 155503 号

北京版权局著作权合同登记 图字：01-2017-9096 号

你的10—12岁孩子

作　者	[美]路易丝·埃姆斯	项目策划	紫图图书ZITO®
	[美]弗兰西斯·伊尔克	监　制	黄利　万夏
	[美]西德尼·贝克	特约编辑	曹莉丽
译　者	玉　冰	营销支持	曹莉丽
责任编辑	李艳芬	装帧设计	紫图图书ZITO®

北京联合出版公司出版
（北京市西城区德外大街83号楼9层　100088）
艺堂印刷（天津）有限公司印刷　新华书店经销
字数160千字　880毫米×1230毫米　1/32　10印张
2018年10月第1版　2024年6月第12次印刷
ISBN 978-7-5596-2313-3
定价：49.90元

紫图·汉字课

出版社：中国致公出版社
定价：329 元（全 5 册）
开本：16 开
出版日期：2018 年 5 月

《汉字好好玩》（全 5 册）

有画面、有知识、有故事、有历史的汉字图书。
中央电视台、湖南卫视等多家媒体报道！
学汉字 就像在看画，写汉字 就像在学画！

　　《汉字好好玩》曾获选为台湾"百年文学好书"，多次参加两岸文博会，被中央电视台、湖南卫视等多家媒体争相报导，并引发代购汪潮。这套书保留了象形文字的精华，延续了汉字原创的精神，展现了"画中有字 字中有画"的汉字精髓，融合了文字学、哲学、美学与创意，以艺术的眼光介绍汉字！

　　作者精选 75 幅主题汉字画，500 多个常用汉字的起源和演变，打破传统一笔一画的汉字学习方式，倡导图像学习汉字的新思维！

出版社：北京日报出版社
定价：129 元（1-3 册）/ 129 元（4-6 册）
开本：16 开　出版日期：2019 年 5 月 /10 月

《一笔一画学汉字》（1-6）

只要30 幅汉字画，就能轻松学会 168 个汉字。
从根源认汉字，才是智慧的学习方式。

　　《一笔一画学汉字》是《汉字好好玩》作者张宏如给孩子的汉字启蒙书，作者原创多幅汉字画作品，打破传统的汉字学习方式，让孩子们从一幅幅汉字画中感受古人造字的精髓，识字就像看画，写字就像在画画。只要一幅汉字画就可以同时达到识字、写字的效果。

《画说汉字（小学版）》1～2 年级
出版社：时代文艺出版社
定价：48.8 元　开本：16 开
出版日期：2019 年 8 月

《画说汉字（小学版）》3～4 年级
出版社：时代文艺出版社
定价：49.9 元　开本：16 开
出版日期：2015 年 10 月

《画说汉字（小学版）》5～6 年级
出版社：时代文艺出版社
定价：49.9 元　开本：16 开
出版日期：2015 年 10 月

紫图·育儿课

《法布尔植物记：手绘珍藏版》（全 2 册）

因《昆虫记》闻名于世的法布尔又一巨作。
所有植物爱好者不可错过的"植物圣经"。
大自然给您和孩子的邀请信，送给孩子最好的礼物。

　　《法布尔植物记：手绘珍藏版》（全 2 册）由《昆虫记》作者法布尔耗时 10 年著成，权威，科学，生动有趣。法布尔用讲故事的形式讲述了植物一生的美丽故事，同时还告诉读者许多人生的智慧，是激发孩子探索世界的最好礼物。为了还原最真实的植物形态，绘者历时 2 年取景，培育植物，最终精美呈现出 300 余幅插画。

出版社：北京联合出版公司
定价：99.9 元（全两册）
开本：16 开　　出版日期：2019 年 8 月

《勇敢的小狼》（全 6 册）

本系列荣获 2016/17 年英国人民图书奖"最佳童书"奖项、提名 2017 妈妈选择奖"最佳儿童读物系列"、提名 2017 英国教育资源奖"最佳教育图书"。

　　《勇敢的小狼》（全 6 册）由知名童书作家创作，专业童书插画家配图，已授权多个国家和地区。这是一套专为 4~7 岁孩子创作的绘本，帮助全球孩子化解成长过程中遇到的情绪问题，让家长不再焦虑，让孩子学会管理自己。随书赠送 4 套情绪卡片。

出版社：北京联合出版公司
定价：199 元（全 6 册）
开本：16 开
出版日期：2019 年 6 月

《一定要告诉儿子的那些事》
（全新升级版）

出版社：北京联合出版公司
定价：49.9 元　开本：16 开
出版日期：2019 年 6 月

《一定要告诉女儿的那些事》
（全新升级版）

出版社：北京联合出版公司
定价：49.9 元　开本：16 开
出版日期：2019 年 6 月

紫图·育儿课

出版社：北京联合出版公司
定价：49.9 元　开本：32 开
出版日期：2019 年 9 月

《开启高敏感孩子的天赋》

首丰高敏感孩子教养实战书，开启他们的天赋。
让孩子，肯定自己的独特。

　　《开启高敏感孩子的天赋》是高敏感孩子第一临床医生的扛鼎之作，给高敏感孩子家长的 41 个养育·照顾·陪伴的指导。全世界每 5 个人当中就有 1 个人是高敏感族，当这个人是孩子时，就是"高敏感孩子"。高敏感是种与生俱来的气质，它会成为孩子的弱点或是优点，全靠父母的教养方式。

出版社：北京日报出版社
定价：49.9 元　开本：32 开
出版日期：2019 年 9 月

《赢在未来的"虎刺怕"小孩》

"虎刺怕"（Chutzpah）是犹太人特有的"个性品牌"，代表勇敢、不畏权威、大胆。
马云说："在以色列，我学到了一个词，Chutzpah——挑战传统的勇气。我相信这种精神属于 21 世纪，属于第三次技术革命，属于未来。"

　　《赢在未来的"虎刺怕"小孩》是一本展现犹太人育儿经验的书，给家有 0~12 岁孩子的你，养出不畏权威、理性对话的"虎刺怕"小孩。小孩哭不停，大人到底该不该介入？孩子不爱念书，怎么办？和小孩讲话不听怎么办？……犹太人育儿经验告诉你，如果想要孩子赢在未来，那么就给予孩子充满安全感、幸福快乐的童年！

出版社：江西科学技术出版社
定价：39.9 元　开本：16 开
出版日期：2016 年 1 月

《妈妈强大了，孩子才优秀》

央视著名主持人李小萌真心推荐"一本教妈妈的书，胜过十本教孩子的书。"
书口强调了家长要接纳孩子，要了解孩子不同年龄的心理特色，不要进行错位教育，否则大人孩子都累！

　　本书是儿童教育专家罗玲经多年研究，并结合自身育儿经验的心血之作，不但解决了育儿中的难题，甚至改变了家长在生活中的态度。书中除了给出具体解决诸如孩子胆小、好动、打人、骂人、磨蹭、逆反、不认错、爱抱怨、爱哭闹等生活中常常让大人焦头烂额的育儿问题的方法外，还从根本上告诉家长要如何才能帮助孩子长成最好的自己，如何引导孩子合理发挥自己的智能。

紫图·育儿课

出版社：江西科学技术出版社
定价：49.9 元　开本：16 开
出版日期：2018 年 3 月

罗大伦《脾虚的孩子不长个、胃口差、爱感冒》

不伤孩子的脾，别伤孩子的心。
从调理脾胃和情绪入手，有效祛除孩子常见病根源。
2018 年修订升级版 。
新增当下常见的儿童舌苔剥落成因及调理。

　　一本从调理脾胃和情绪入手，教会家长如何对症调理孩子常见病并祛除疾病根的书。书里介绍的各类调理方法已被无数受益的家长验证有效，只要家长认真按书里介绍的辩证使用即可。由知名中医诊断学博士、中央电视台《百家讲坛》特邀嘉宾罗大伦倾心奉献，帮助家长调理孩子瘦弱、不长个、胃口差、爱发脾气等一系列令人焦心的孩子生理和心理问题。随书赠送：孩子长得高、胃口好、不感冒的特效推拿、食疗方速查速用全彩拉页。

出版社：江西科学技术出版社
定价：49.9 元　开本：16 开
出版日期：2018 年 3 月

罗大伦《让孩子不发烧、不咳嗽、不积食》

调好孩子脾和肺，从小到大不生病。
指导家长用食疗和心理学方法 对症调理孩子常见病。
2018 年修订升级版 。
新增怀山药治疗外感使用大全、白萝卜水止咳法。

　　书中把孩子发烧、咳嗽、积食各个阶段的病因和症状讲得通俗、清晰，可以让任何家长都能及时发现孩子身体状况的变化，防患于未然。介绍的调理方法简单、安全，多为食疗及外治法，能提供给家长一系列可操作的解决方案。由知名中医诊断学博士、中央电视台《百家讲坛》特邀嘉宾罗大伦和儿童教育专家、亲子、教育专栏作家罗玲联袂著作，教你快速成为孩子身体和心理上的全方位保护神。随书赠送 孩子常见疾病的每个阶段不同疗法速查速用全彩拉页。

出版社：江西科学技术出版社
定价：69.9 元　开本：16 开
出版日期：2019 年 7 月

罗大伦《图解儿童舌诊》

知名中医专家、中医诊断学博士罗大伦，根据孩子常见身体问题与不同体质舌象的精准分析，给出了 40 种对症调理孩子身体的食疗、泡脚、推拿方等。

　　很多孩子生病后，自己也说不清到底是哪里不舒服。作为家长，只要把孩子的舌象看清楚了，就能分析出孩子的问题到底出在了哪里，不仅能在疾病的早期及时给与食疗、推拿等调理的方法，也能在自己无法解决时，将孩子身体状况的准确信息传达给医生，便于医生诊治，从而更好地配合治疗，帮孩子早日恢复健康。